U0119582

上學的代價

你需要知道學校教育的「內幕」與「偏誤」。
百萬教師與教育改革的秘辛從此被揭開。

杜炳倫

蘭臺出版社

本書標的為四大群體

1.現任或未來的教育工作者們，他們迫切需要對學校教育有更深刻且整體的認識，以便讓學生上學所獲得的回報，大於所付出的代價。

2.家長們，他們有權了解孩子所接受的教育，培養自己正確的教育觀念，探討孩子的學習過程，避免盲目跟隨與無知自恃，使孩子蒙受不當學習的害處。

3.廣大的學生群眾，他們需要了解所學為何，深入了解自己的學習情況與學校課程、老師教學與評量方式之間的關連性，儘早啟動自我導向的學習以彌補學校教育的不足。

4.對終身學習有興趣的人們，他們需要一份指南以達成自我的實現。

課 程 篇 11

教　學　篇 83

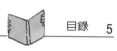
評量篇 155

【序言】

本書企圖以深入淺出的方式，從課程、教學與評量這三大主軸，闡示學習者在求學過程當中所可能遭遇到的「偏誤」。這些偏誤很可能以直接或間接的方式，錯誤地改造了學習者，耽誤了學習者的青春，影響了學習者的學習動機。我把這些不受歡迎的結果稱為「上學的代價」。

對於教師或教育政策制定者而言，書中所論述的觀點能夠提醒自己避免這些偏誤，進而埋沒了學生的潛能或推行錯誤的計畫；對於家長，如果你細心閱讀本書的每一個字句，你將能夠以更正確的態度理解孩子的學習困難，老師與學校的做法，本身家教的重要性；對於學習者而言，這本書的內容可以當作是個人的學習指南；至於其他對教育有興趣的社會大眾，本書企圖讓你了解「上學」二字所能代表的實質意義。

本書的完成，是我在小學服務多年之後，去美國讀完教育研究所再回來台灣教學之時。因此，我是以一位資深教師暨教育研究者的角色，述說更貼近於現實狀況的「東西」。我期望這樣的做法，能夠讓每一個人，都能以更適當的態度來關心我們的教育，面對可能的困境，進而改善我們的未來生活品質。雖說本書的寫作觀點源自於教師，但是各行各業的讀者們，不論您是家中有在學的孩子，或是想把本書當作是個人學習指南，當你看見「教師」二字時，就請進行角色的互換以求取更為深刻的理解。

要能夠對某件事情能有正確的批判，就必須先對其有全盤的了解，然後才能產生個人的見解。本書的寫作風格就是要讓讀者先行了解學校教育的「內幕」，那麼爾後當您自己或您的孩子（或學生）遇到了學習的瓶頸時，迷惑與非理性出現在腦海裡的機率就會降低。

　　另外，我想要強調，本書的主要著眼點在於學校教育。然而，我們知道，家庭教育總是發生在學校教育之前。據此，如果您的小孩尚處於學前以及入學階段，請把本書的概念運用在您的家庭教育哲學裡。完全依賴學校教育，很可能會使自己喪失身為父母的權利與義務。

　　在閱讀建議方面，當您咀嚼本書時，你會看見一些註解，請使用電腦網路無遠弗屆的特性，查詢這些註解裡邊所提到的人名或是理論，這樣的延伸閱讀方式，充分利用了資訊時代知識共享的特性，相信您會得到更多的收穫。也不要忘了，一起與朋友討論在每章結尾之處的「下午茶時間」，包含在這部分裡的每一個問題，都能夠刺激讀者產生獨特的教育見解。

　　本書初稿完成於一年多前，但是我並不急著交由出版社出版。我希望藉由將近一年的時間，透過新聞資訊、家長見解、其他教師的口述，讓經得起考驗的論點沉澱下來，修改與拿去不適宜的文字表述，達到去蕪存菁之目的。我期望呈現在讀者面前的，不僅僅只能是「潮流」二字所能代表的東西而已。

　　最後，我殷切盼望看過本書的每一位讀者，都能持有一種企圖，那就是盡心使自己或我們年輕一代的學習回報，大於所付出的代價。這也是本人當初決定下筆寫出這本書的宏願。在此獻給各位一句箴言：「教育永遠也不嫌晚。」願本書的靈魂澆灌您飢渴的心靈！

杜　炳　倫

台北　聽雨軒
九八年　夏

課 程 篇

「如果你不知所學為何,那麼你將無所憑恃。」

第一章
學校到底在教些什麼

「一條魚可吃一天，一根釣竿可吃一輩子。」

從小我們就必須上學，上學似乎變成人類社會一種與生俱來的任務，從遠古至現代，它歷經了演化的過程。神遊過去，遠古時代的學校也許就是在自家洞穴裡，穴壁就是黑板，上面記載者人類大腦的思考邏輯、想像力的延伸、溝通的方式等等。眼觀現代，穴壁換成了黑板（甚至是電子式的），學校是公眾的實體機構（或虛擬網路教室）。然而，我們還是一直在探討這些所謂的邏輯、藝術與思想傳達形式。但是，現代學校所傳授的知識可能會把你送上太空，而遠古時代的學問卻只能讓你成為一位獵人。這種差別明白地告訴了我們：「知識具有累積的特性並且是為了某種目的而產生。」

第一節 知識怎麼變成了學校課程

由於知識的累積性以及人類生理的特徵，一般人無法像吸塵器那樣地立即吸收所有的東西（除非人體內被植入微型電腦）。因此，我們選擇性地接收、學習我們認為是重要的訊息或技巧。於是，那些暫且被我們認為是最重要且必須先了解的「知識」，就變成了學校的課程，這些學校課程因為學習者的知識程度而有所不同。例如，小學課程就不同於大學課程，但是沒有小學課程的基礎，也就很難進行大學課程。

那麼到底是「誰」決定了學校教育的課程呢？秘密在此揭開，就是少數與你我很可能並沒有任何親戚朋友關係的所謂專家、學者或教師。他們很可能並不曉得「你」這個學習者的存在。他們組成一個圓桌會議，可能參考了世界各國的課程情況、本身的學識背景、國情政治之目的、世界所關注的焦點、聯合國教科文組織的報告、根深蒂固的觀念／意識形態，然後擬定了一份課程大綱。這份大綱，概括決定了莘莘學子們即將要學習的內容。

請注意，如果課程大綱的制定沒有立足於本身所存在的社會，只是不斷地「借用」以及「採用」他人和他國的觀點，或獨斷地採取少數人的意見，背後沒有可供檢視之公開的研究證據（質化或量化的調查結果[註一]）加以支持，那麼有關課程的教育政策，很可能一日三變，這種現象無助於自身社會的進

展，所以教育的功能似乎很難有所彰顯。另外，我們須注意，課程大綱的擬定並沒有參考學習者的意見，也就是說，學習者想要學習的內容很可能完全地被忽略。甚者，與學習者有些許關聯的教師，在圓桌會議上所佔的席位可說是微不足道。

壹　什麼是課程大綱

　　請你回憶小時候在校學習的情形。上課鐘響，教師要求我們拿出課本唸讀，教師在黑板上書寫上課內容，或者整組進行一項學習活動。現今更流行網路教學，教師把這學期的授課目標放在網路上，也許指定了某些讀物、作業的次數、考試的日期等等資訊，都放在網路的虛擬教室裡。雖然媒介不同，但是基本的模式相同。那麼我們會問，這些教學活動從何而來？少部份可能來自於學校行政、教師或是學生的即興行為。當然，絕大部分是有一個根據來源，此來源就是所謂的課程大綱。

　　現在，想像你是一位原始人，你要你的小孩學會打獵技巧。於是，你要教他如何製作並使用弓箭、練習埋伏動作、鍛鍊跑步能力、製作陷阱、認識不同動物的弱點、增進膽識等等的能力，而打獵技巧可能僅僅是生存能力此議題的其中一項應用範圍。現在，我們把這些元素以表1-1呈現，幫助你了解課程大綱的全貌。

表1-1 課程大綱示意表

具備能力	應用範圍	課程標的
生存在這個森林密布的高山裡	打獵	1.應用器械獵殺動物。 2.……
	炊事	1.使用器材烹煮食物。 2.…… 3.……
	居住	1.尋找安全棲身之處。 2.…… 3.…… 4.……

貳 課程大綱怎麼進入教室

　　學校教師基本上應該會被給予在邏輯上類似於表1-1的課程大綱，如果政府主管機關有所謂的課程大綱並且有相關規定的話。在現今互聯網發達的時代，課程大綱很可能會出現在教育主管部門的網頁上頭，如果你無法搜尋到它，你可以合理地懷疑（1）本國的教育是完全自由或完全獨裁到不需要它的存

在，（2）它並不受到重視，或者（3）它被當成是國之利器，不可輕示於人。不管是哪種理由，以世界各大國（例如，美國）的情況而言，課程大綱對於本國社會大眾，已然不必要變成一項秘密，並且最好成為一種可討論的基本訊息。（或許你會認為，表1-1的呈現方式比你所看過的課程大綱，具備更為「清楚」與「可行」的邏輯。）

讓我們參看表1-1，依據應用範圍而來的課程標的很可能不只一項。以「打獵」應用範圍而言，課程標的除了「應用器械獵殺動物」之外，還可以加上諸如「了解各種動物的習性」等等的項目，有的人（例如，B. S. Bloom）甚至強調，課程標的可以囊括（1）具體知識，（2）個人情感，以及（3）使用技巧此三大範圍，並且滲入隨後的教學目標與活動，這樣的做法，可能深化或擴大化課堂學習之於學習者的意義。據此，有人就把課程標的之內容，標示為許多的教學單元（unit）。教師根據課程標的發展教學目標，之後再設計教學活動（例如，分組討論、做實驗、朗誦課文等等）。請注意，你很可能看過許多炫目的所謂「教學主題」，例如，「小小文學家」、「我是大力士」等等，你很可能並不清楚葫蘆裡賣些什麼藥的名稱。如果這些主題沒有辦法讓學生達到預期的課程標的或教學目標，就不適宜被歸類為應當的教學活動。

教師憑藉手上自行發展的教學目標與教學活動，在教室裡與學生共同經歷教學過程。因此，你也可以把教學目標與活動稱作「課（lesson）」。以我們的原始人範例而言，教學目標與教學活動的設計可以參考表1-2。當然，不同的心智會設計出不同的項目，但是我們期望所設計出來的教學目標與活

動是（1）容易共享的，並且具有（2）執行障礙小的特性。你
會發現，從課程大綱到教學活動這一整個過程，很類似問題解
決模式的實行部份，回饋部份則是在爾後的章節裡所要探討的
「評量」。讀者可以把表1-1與表1-2看成是課程發展的一個思
考**平台**。（關於問題解決模式的理解，讓我們參考英國教育部
門的做法。他們為了解決肥胖的國病問題，決定把烹飪技術加
入中小學課程。當然，評量的方式就要看各種指標。例如，若
干年以後，接受此課程的英國人體重傾向趨勢為何。）

表1-2 教學目標與教學活動

課程標的	教學目標	教學活動
應用器械獵殺動物	1. 能製作並使用弓箭。 2. 能製作並使用陷阱。	1-1在山裡尋找竹片、藤蔓、還有石材，製作簡易弓箭。 1-2以樹木當作射箭練習標靶。 2-1在山裡尋找適當樹枝，並以石刀削尖。 2-2尋找鬆軟土質並挖洞，洞底鋪上削尖樹枝，洞口進行偽裝。
使用器材烹煮食物	1. 能使用鑽木取火。 2. 能運用打石起火。	讀者發揮創造力
尋找安全棲身之處	1. 能尋找安全的洞穴。 2. 能搭建簡易樹屋。	讀者發揮創造力

由於現今的學校有其運作時間上的限制，而每堂課慣例不會超過四十五分鐘，所以許多人會在教學活動處加上教學分鐘數，有了時間的憑據，整學期的教學活動就有可能逐漸被規劃出來。據此，我們可以看出，現今學校課堂的「過程」是有其「源頭」的。如果源頭以至於中下游任何一方有偏差，那麼所學就很可能會跟著出問題。

叁　課程的警示

　　顯而易見的，任何進入課堂裡的東西，都會佔據學習者寶貴的生命。如果源頭乃至於中下游產生偏差，那麼「上學」可能變為一種浪費時間的活動。或者，學習者可能學了許多無所致用的東西，那麼上學的效用就大打折扣。也因為這些學校課程，基本上是學習者被給予的東西，以此觀點出發，學習的主動性是有可能被忽略的。所以，我想這樣宣稱：

　　「課程偏誤×教學偏誤×評量偏誤×學習動機低落＝上學所付出的代價大於所得到的回報。」

　　此處的「×」號，代表的是「交互作用」；「＝」號，代表的是「可能邏輯結果」。
　　因此，課程、教學、評量與學習動機這四項元素，彼此

之間存在著交互作用，這種交互作用，不小心的話，很可能使得上學的投入（例如，青春、金錢、健康甚至是個人的靈魂）大於所得（例如，工作所得、生活滿意度、自我價值感、個人對這個世界的貢獻、智慧的增長與對生命的體悟）。我希望讀者能耐心地看完本書的每一個部份，以期對此公式有更深刻的體會。

所以，身為家長的你，應該主動關心您的小孩為何喜歡或不喜歡上學，想盡辦法啟發或保護您孩子的學習動機，創造優良的家庭氣氛讓孩子能夠專注於學習。身為教師，應該避免能造成學生上學代價過高的因素，例如，無用的課程、過難的課程、評量的副作用、不可靠的評量、令人負擔過大的作業或乏味的教學方式等等；身為學習者的你，應該明瞭自己所需，進行**自我導向**的學習（請查閱self-directed learning此名詞）；身為課程大綱制定者的代表們，應該（1）多考慮學習者的現在與未來，（2）深入了解課程大綱對於教學、評量以及學習動機的影響性，並且（3）以一種負責任的態度，勇於面對學習者可能付出的學習代價。

學習者喜歡上學是很不得了的成就，因為這代表了學習主動性。換句話說，其學習動機正在甦醒與茁壯。請想像一下，如果沒有打獵的動機，那麼花時間在學習打獵這件事情上面，就變得是在虛擲寶貴的生命，這是因為學習者並不會進行打獵活動以得到回報，即使他在打獵技巧的得分上取得驚人的成績。

學習動機的起源可以是外在的刺激，也可以是內在的渴望。以課程而言，如果太艱深不易了解、與個人生活無多大關

連、或枯燥乏味、或充滿不愉快的學習過程或結果（例如，低落的測驗分數），那麼就很難提供學習者外在的學習動機。但是，如果課程確實是學習者自己所選擇的，那麼內在學習動機就會出現。

以一般的現實狀況而言，學習者常常需要外在動機（回饋）來促進學習。時間久了，外在的學習動機就很可能內化成為內在的學習動機，這有可能是因為學習者本身透過外在的誘因，接觸了原本不感興趣的學習素材，進而發現了素材所蘊含的樂趣，激發了內在的學習動機。換句話說，只要外在的刺激得當，散漫的小孩也可能把讀書當作是自己渴望的活動。我想要再次陳述一點，如果有任何的課程，讓學習者一碰觸就討厭，搞壞了學習者的學習胃口，那麼這絕對是違背了教育的本質。

此外，教師設計教學目標與教學活動之目的，是期待學生能夠透過所設計的學習歷程，達到課程標的。那麼，我們憑什麼知道學生已經達到要求了呢？以我們的原始人範例而言，如果他能夠獨自製作並使用弓箭，成功地獵殺任何動物，我們就有證據說明這位原始人確實達到了要求（也許只是最基本的要求，但他確實做到了）。他的這些表現屬於實作表現，由於達到了課程要求，我們給予的實作評量可以是「通過」二字。所以，我們會期望，教師依據課程大綱所設計的東西，是可以讓評量「進行」下去的。換句話說，如果（1）教學目標與教學活動不符合課程標的，以及（2）沒有或無法產生合理的評量過程[註二]，讓我們確知學生是否達到教學目標的要求，那麼無論是多麼花俏的課程設計，都只是譁眾取寵罷了。

我們也必須警醒，世界各國的教育事業，基本上都會把學校教育當作是服務政治的工具，這些內容透過課程大綱而進入教室。如果這些內容是具有爭議性質的，那麼學習者或多或少會花費時間，學習了一些很可能對個人生命價值毫無幫助的東西。更嚴重的是，如果你的老師或你自己，沒有獨立思考的能力，或是你本身沒有被給予充分的學習空間，那麼這些內容或許會讓你成為沒有尊嚴的次等國民、喪失靈魂的三等世界公民、仇恨外國人的國家主義份子或是種族主義的擁護者。這些現象告訴我們，此類課程偏誤所造成的代價不可忽視，因為它可以禍國殃民，甚至給全世界帶來深重的災難。

第二節　你需要什麼樣的課程

　　以原始人而言，學習基本生存能力是最迫切的。以宗教人士而言，探究內心的價值才是教育的目的。有些科學家[註三]認為，學習的發生主要是因為外在獎懲刺激的關係。也有些哲學家宣稱，人的學習是一種存在的過程。這些主張，從古至今，各有各的擁護者。有的擁護者聲音大，有的擁護者聲音可能小點。隨著時代的演變，擁護者的多少也跟著改變。

　　以那些贊成學校課程應該使學習者充分習得基本生存技能的人們而言，會做麵包遠比討論麵包與繪畫麵包來得重要許多。他們主張，我們在學校所學之目的，就是為了在這個人類社會生存下去。如果這個社會不需要很多神職人員，那麼神學

課程就不需要。或者，學習物理的最終目標，是應用物理技能來提升自己的生存技能。比如，應用物理熱漲冷縮的原理來製作更好吃的麵包。以這類學校而言，存粹知識上的探究課程就顯得不大必要。

　　當然，會有某些人不同意以上的觀點。於是，以宗教組織為背景的學校成立了。這些學校在古老的歐洲發揮了極大的作用。現今，這類學校並非主流，但是課程的血脈還是傳承了下來。除了學生必須學習宗教課程之外，他們還強調一種嚴謹的學校生活（例如，男女分校）並以此為榮。許多人把這種學校歸類為保守型的學校，因為就讀此類學校的學生，需要遵守許多一般學校所沒有的校規（例如，統一的鞋襪、飯前祈禱等等）。當然，這類學校很可能並不同於中國河南嵩山的少林寺。少林寺有一項非常獨特的課程，而這項課程被現代西方教育家視為未來教育的一盞明燈，那就是─參禪（我在美國讀博士班時，教授所發的講義就在探討，如何在一般學校教育系統裡實踐禪文化）。

　　曾幾何時，鴿仔變成了實驗室的熱門寵物。這些好幾十年前，以鴿仔為研究對象的科學家們註三，漸漸地達成了一項推論，那就是人類的學習成果，可以透過餅乾（獎賞）與電擊（處罰）來達成。請注意，餅乾與電擊是使用於鴿仔實驗。人類社會的處罰方式有許多形式，比如罰款、剝奪自由等等。據說，這些研究人員成功地訓練鴿子成為戰爭工具，這在當時是很厲害的成就（雖然中國古代的漁夫，已經懂得訓練水鳥捕魚）。

　　我們可以這樣想，如果鴿仔這種小腦可以被訓練成為戰

士，那麼人類的大腦或許能透過類似的方法，得到成功的學習。據此，人類活動可以約化成為一種「贏得獎賞與避免處罰」的渴求行為，這種概念能夠**隱匿**於課程內容當中。例如，在這個凡事講求經濟效益的時代，或許多數人這樣想：「所有的人類活動都是經濟活動，無關道德與其他。」

　　現今許多教師，普遍或選擇性地把獎懲法應用在教室管理或課程設計方面，暫時或永久地改變了學生的行為（甚至態度）。

　　現在，讓我們回溯到古老的東方世界，在那樣的時空裡，從讀書做官的觀點出發，教師是備受尊崇的。這有可能是因為教師在當時掌握了**核心課程**（代表的是最基本或最被重視的課程），而整個東亞可以說是同一個老師教出來的，這位至聖先師就是—孔子。孔子的弟子把老師的諄諄教誨集合成《論語》這本書。論語課程的中心思想是「仁」，就是要我們以人為出發點，進行修身、齊家、治國、平天下的事業，推崇與極力宣導孔子思想的學派，就被稱為儒家。

　　儒家課程普遍存在於中國、日本以及韓國的學校系統裡。記得筆者在美國留學時，有一位韓國同學跟我說他們要讀四聖人的書，我一時會意不過來，就詢問是哪四聖人，他很驚訝我竟然不知道，於是用韓語發音孔子、孟子、老子以及莊子，告訴我是這四聖人。或是，日本福田首相訪問中國山東曲阜的孔廟。由此可見儒家課程影響之深遠。但是，在同樣接受儒家課程的各地域裡，我們發現，課程效果卻似乎有著很大的差異（請參看第四章「課程效果」）。

　　從以上的討論我們可以發現，衍生課程的概念可以分為

兩種：一種是同心圓哲學，另一種是樹枝狀哲學。修身、齊家、治國、平天下，可以說是典型的同心圓哲學，修身在圓心，齊家在第二圈，治國在第三圈，平天下在最外圈。如果，為了製作麵包而去學習桿麵、烘烤與藝術鑑賞，那麼製作麵包就可被視為是樹幹，桿麵等衍生的課程就是樹枝。也許此時在你心中已經有了一個想法：「是否可以把這兩種哲學結合在一起呢？」以我所見，確實存在這樣的做法。然而，不論採用何種方式，「感受」這兩種哲學之間的不同之處是必要的。

現今大多數的學校都會囊括以上所介紹的課程概念，有些學校偏重於生存技能的培養，有些學校偏重於知識的探究，而少數學校把神學納入學生必修的課程。有些學校具體化他們的課程概念偏好，稱其為**校本課程**，其目的是突顯學校的特色（或願景）。例如，本校的畢業生都必須學會潛水，而學校剛好就設立在海濱勝地旁。如果是在家進行自我教育的學生，那麼校本課程就得以改為社區／家本課程。

有一類學校特別強調，他們是為學習者的自由與尊嚴而設立的，他們理論上幾乎不採納稍早所討論的「鴿仔」理論，這類學校確實在世界各國是屬於極少數，因為他們的課程所需要的配合環境比較特殊。你會發現，這類學校往往遠離塵世喧囂的環境，招收學生的人數不多，沒有明顯的年級分別，住校也許變成學生的唯一選擇。當然，學生的課表也是非常富有彈性的。當你看見這類課表時，請不要訝異，因為這種課表並沒有被密密麻麻地填滿每一個空格，而空白之處就是屬於學生的自由學習之處，學生在這個時段並沒有被給予什麼學習內容，教育界普遍稱其為**頑空課程**（頑通玩，有主動嬉戲之意，空

代表自由空間）。

　　另外，有些學校預留空白的課程時段，但這並不是給學生自由學習之用的，這可以是團體活動時間、補強教學時間或是配合學校行事（例如，元宵節猜謎活動）之用，大部分學校稱其為**彈性課程**。這種彈性課程有時候會被校外人士當作廣告宣傳的時間，當然，政治或宗教活動就可透過一些包裝，以課程的名義進入校園。有些時候，全校師生甚至必須調整正常作息來配合這類彈性課程的實施。

　　由於學校時間有限，「這邊」增加了課程時數，勢必使得「那邊」的課程時數減少，而課表的編排企圖使得課程時數在事先能得到較為合理的安排（然而這並不表示課程偏誤所導致的後果能夠得到糾正）。除此之外，按照課表來進行學習作息，可以讓學生養成一種「習慣」，這種習慣觸動學生的生理時鐘，增進了學生的學習動機與學習效率。這就好比每天習慣晨跑的人，一天不晨跑就覺得全身難過一樣。在課表的編排上，你會發現，最好利用早上進行數學、語文或科學的學習；接近中午時，進行非核心課程的學習；下午接近放學時，進行體能活動來鬆弛一天的學習疲勞（然而，如果你是一位奧運國手，你的體能課程很可能是在上午）。

　　還有一種你不會在課表上看見的課程，但是它確實存在，它存在的方式是以一種副作用的型態而存在。讓我們這樣想，假使某位仁兄訂定了每天慢跑的計畫，其最初目的是為了減肥。經過了三個月之後，他心血來潮跑去醫院進行身體檢查，發現體重確實下降了，但是有一件發現確實使他興奮莫名，那就是醫生告訴他，先前的脂肪肝問題消失了。（脂肪

肝是肝硬化的誘發因子之一，外表纖瘦的人也可能會有脂肪肝。）這位仁兄的慢跑計畫，可以視為他為自己所訂立的減肥課程，其評鑑標的為「減肥成功」。很顯然地，此課程是有效的，但是多了一項潛在好處，那就是解決了脂肪肝的問題，教育界把這項多餘的好處視為**潛在課程**的結果。

因此，以學校而言，綠意盎然且空間充裕的環境，無異是一種治療孩子憂鬱症的潛在課程。漫步在鳥語花香，隨處是詩意的校園裡，對於研究生而言，卻是一帖靈感來源的特效藥。一座具有親和力的圖書館，更是激發學習動機的強力能量場。但是，有沒有不良的潛在課程呢？例如，在擁擠的操場上進行體育活動，從早上八點排到晚上九點的課表，或是不充裕的下課時間。

不同群體所需要的課程也不盡相同。以家長的觀點出發，他們會期待學校加強那些能使其孩子獲得功名的核心課程（例如，語文或數學）。以學習者本身的視角而言，他們希望多一點的頑空課程以進行自我的探究。以教師的想法出發，他們很可能會認為人格養成的課程是最重要的。從企業界的角度考量，他們期待學校多傳授一點技職方面的課程。這些不同的課程需求，或許間接地影響了學校的發展方向。

第三節　警語

雖然大部分的學校都盡量傳授各方面的課程以符合大眾

所需，但是往往你的小孩、或你自己、或者你的學生，並不滿意所學。如果學校課程無法滿足您小孩的學習慾望，那麼身為父母的你，很可能需要與您的孩子溝通溝通，看看什麼樣的課程能幫助他。如果是你自己不滿意所學的課程，那麼你需要啟動自我導向的學習，也許社區或網路資源能幫助你，自我導向學習的啟動，必要**深入了解自己**所需，一旦你確定了方向並且勇敢地踏出第一步，那麼學習成果很快就能體現。

然而，不同於前段以個人需求為出發點，課程大綱以及其細節的制定，可以從一個更宏觀的角度來看。以某些國家的課程改革而言，由於學生負荷過重的緣由，課程的改革就趨向於鬆綁學生學習壓力的方向為主舵。相反的，有些國家的課程改革，由於其核心課程（例如，語文、數學）時數不足以讓學生獲得充裕的學習鍛鍊，其改革的主軸就圍繞著增加學生的核心課程學習時數上。因此，我想要再次強調，沒有立足於本身社會的課程大綱，很可能在一開始就存在課程偏誤的問題。

另外，一國的課程大綱也是培養一個國家未來「**文化實力**」的基礎架構，如果課程大綱的制定，存在著因粗率（或蓄意）決定所產生的偏誤，那麼未來的世代很可能沒有辦法傳承本族文明的特質（或說是根源基因）。如果喪失了使自己與他國人民構成區別性的特色，就會在文化與尊嚴的競賽上失去**主動權**。

如果你是一位教師，而你發現學生無法從課程獲取應得的回報，那麼也許要考慮，是否課程大綱本身就是有爭議的，對於具有爭議性的課程大綱（比如，偏頗的政治意識與歷史觀），很可能必須靠教師本身的學養來校正。如果教師本身的

學養不足，就會與學生共同淪為偏差課程的犧牲品。如果問題
不是發生在課程大綱，那麼也許應該考慮不同的教學目標或教
學活動。總之，為了降低課程偏誤所造成的無謂代價，你必須
有所行動。

　　註一：目前為止，這世界上的研究大致可以被
歸類為兩大類目，一種稱為量化研究，另一種稱
為質化研究，這兩類研究的最主要區別為統計數
據論述的程度。據此，你會在量化研究的內文
裡，看見許多令人眼花撩亂的統計結果。

　　註二：或許有人會爭論，教學設計也可以不是
「目標取向」的。例如，學生的道德良知很難被
評量，因此只要著重教學過程即可，學生是否有
吸納「良好道德良知」這樣的教學目標，是無法
過於重視的。然而，很難評量不代表必須把評量
的概念拋諸一邊。我想要宣稱，緊抓評量概念可
以促進教學有效性與適當性的反思。

　　註三：例如，著名的行為學派科學家，Burrhus
Frederic Skinner（1904-1990）。

下午茶時間

茶點 1

在未來五十年左右所發明的機器人,是否具有比人類更強大的學習能力?

茶點 2

論語課程適合軍事院校、教會學校、一般學校或是三者皆宜?

茶點 3

每個人想學習的東西不盡相同,你能夠為你自己設計一份課程大綱,並據此發展配套的教學目標與教學活動嗎?

茶點 4

你能否使上學所得到的回報大於所付出的代價?請以本章所提及的公式概念下去思考。

茶點 5

請想一想,你的學習能使你順利就業嗎?你預期得到的回報大於所付出的代價嗎?你認為上學(或說教育)之目的為何?

茶點 6

你覺得自己的行動力如何?如果你對這個概念很模糊的話,請在吃完此樣茶點後立即閉上眼睛。

茶點 7

請利用附錄一進行課表的編排。

第二章
課程的授予—
自由與奴役的爭鬥

「在神權主義的國家裡，你只會看見兩種人，他們是貴族與奴隸。」

你是否有想過，你是怎麼樣被拉拔長大的？有的人從小就是被迫接受既有的觀念與行為；有的人自小就被鼓勵進行自我的探究。當我們在進行「上學」此項活動時，這兩大方式就開始逐漸影響了我們的心智。也許你不喜歡這種影響力，但是你很可能無法抗拒，因為你根本不曉得自己被影響了。本章就要以「授予課程」的高度出發，探討這兩大方式對學習者的影響。

第一節　課程媒介觀點

　　以我們的原始人範例而言，為了學會打獵技能，他或許需要一位教師。如果沒有教師，那麼他需要詳盡的壁畫，上面記載著如何製作弓箭、如何發弓、如何瞄準獵物、選擇什麼樣的獵物、如何跟蹤獵物等等的技能。因此，教師以及壁畫可以被視為是一種課程授予的媒介。當然，這位原始人可以同時擁有教師的指導與壁畫的啟發。或者，他沒有任何教師，也找不到壁畫可供參考，那麼顯然的，他需要主動探尋其他能幫助其學習的媒介。

　　我們可以採用兩句話來描繪課程媒介的兩大觀點。一句是「**保守主義觀點**」，另一句是「**解放主義觀點**」。這兩句看似矛盾的話語其實是很受用的。因為，保守教育唯有在解放時代才能突顯其保守特質；相反的，解放教育也唯有在保守的紀元才能展現其珍稀，這是一種相對的現象。我們應該了解，一個時代是不是屬於解放或保守，端看整個社會的氣氛是否解放或保守，其與社會運作的政治制度之間的關連性並不是很強。換句話說，我們不能因為這個社會是屬於民主政體，就斷言它是解放社會，或是說這個社會是保守的，因為它服從集權政體。讓我們持有這層認識來接續以下的討論。

壹　保守派觀點

　　擁護保守主義觀點的支持者認為，學習者需要不斷地練習能使其學習成績感到亮眼的課程。換句話說，那些能讓人感到亮眼的課程是屬於基本技能的課程。例如，基本計算能力、字彙書寫等等比較偏重於記憶與練習的知識。他們認為這些基本技能是學生未來成功的基石。於是，課程的安排就比較沒有彈性，因為上學就是要牢記這些你未來要成為良好公民的基礎能力，對他們而言，核心課程應該是數學、語文或是類似的課程，而這些科目名稱佔據了課表大部分的空間。

　　為了讓學習者熟稔這些所謂的基本能力，保守派的擁護者經常使用先前論述過的鴿仔理論來促進學習，這表現在過度學習法（過度的重複練習）的應用，代幣制度（獎懲）的使用，以及成績評量（分數）的重視上。採用這種觀點的教師或教科書編撰者，比較著重於**上對下的課程媒介方向**。換句話說，學習者是傾向於被動的接受所給予的學習材料。

　　保守派之所以會有其擁護者的主要導火線，很可能是因為大眾對於學生的基本技能表現不如「預期」的關係。當家長看見自己的小孩，無法在升學考試或所有任何的考試上面獲取高分時，很可能一股腦兒地懷疑學校教育的合法性，即使學校課程的媒介與安排深受學生的喜愛；當教師觀察到自己的學生，連最基本的數學運算都不會時，很難不會懷疑課程媒介的

適當性，即使教學活動充滿了趣味性；當整個社會都必須面臨著科舉制度式的壓力時，保守派的發聲就顯得格外動聽。

貳 解放派觀點

　　贊成解放主義觀點之擁護者認為，上學的最主要作用應該是解放學習者的心智，鼓勵學習創意。因此，所有的課程策劃只有一個目的，那就是要協助學習者不斷地探索自己的潛能，進而體現自由心智，為以後長遠的人生目標打下基礎。解放派人士是這樣想的，如果你發覺自己在歌唱方面有天賦，那麼在這方面下功夫遠比花時間過度學習數學運算能力所得到的回報要高，也較具有意義。但是在發現自我潛能之前，擁有一顆自由的心靈是必要的，它就像是催化劑，讓你從自在的心智湖面上看見自己。

　　以此出發，解放派所主張的課程性質包含了一個核心觀念，那就是「**以學習者為中心**」。所有的課程都只能算是一種輔助。據此，課程媒介的方向不是上對下的方向，也因此不是要學習者被動的接收知識。相反的，我們可以說解放派觀點的**課程媒介含有大量的學習者主動性質**。

　　這種主動性表現在教師的教學法以及教材編寫與選擇的方式上。例如，學生可以選擇要使用的教材，而非默默接受老師所指定的教科書。在這類課堂裡上課，你很少聽見教師在演

講，大部分的時間是學生分組討論的**合作學習**方式甚至是**師生共享集思**（請參看第六章第二節）。他們的理由是，要讓教師所扮演的指導角色，暫時或盡可能地消失於學生的眼前以彰顯學生的學習行動，在這種狀況下，學習者能獲取更多的機會體現自由心智。

你在這類教材裡看不到需要大量重複習寫的練習題，或系統性的步驟解釋。有的是一堆隨手可得的「東西」，或是一個讓你思考的問題，而答案可以從這些東西，激發的想法當中，慢慢構築起來，就像是玩積木一樣。

可想而知，解放派擁護者並不是很贊成所謂的統一教材，因為統一意味著忽視個別差異，也意味著箝制心智（例如，統一的歷史教科書），他們甚至認為，「統一的」科學課程也沒有必要存在的理由註一。他們很擔心學童因為統一的課程而付出自由心智的代價。對他們而言，付出自由心智來換取所謂的基本技能代價過高，更何況是有人因為考試成績不理想而付出了寶貴的生命（例如，經常發生在東亞地區的學生自殺案件）。對他們而言，學習過程遠比考試分數重要許多。

當學生家長看見自己的孩子，因為學校成績而出現行為問題（來自於精神狀況、品德操守或自我概念）時，很難不會感到整體教育的黑暗面與無力感；當教師觀察到純如白紙的學生，因為考試考不好而信心盡失時，內心在淌血；而當整個社會因為「教育」而付出過高的代價時，解放派的聲音就如同是一帖心靈的補藥。我們或許可以這樣說，解放派的聲音是來自於對保守僵化的反彈。

第二節　派別的癥結點

　　解放派與保守派在最基本的課程媒介本質上就有相當大看法上的不同。這造成了採用解放觀點的學校系統，上從課表下到教科書與保守派都格格不入，反之亦然。我們似乎在某種程度上無法斷言誰對誰錯，因為他們各自有其特定環境下的優缺點（或稱限制性），也在各自的時空，扮演著培育人力的角色。除此之外，這兩派的消長也與社會的保守與否有很大的關係。不明究理的人們，很可能會盲目的跟隨與反對，造成「太超過」或「不滿足」的結果，進而喪失了往前進步的契機。

　　這兩派需要在教學法、教材（課程）與評量方式上有整體的配合。以解放派觀點而言，讓學習者擁有足夠的時間發揮思考力來構築自己對於這個世界的認識是很重要的。在這類型的課堂裡，分組合作學習是常見的，如果實體（非網路環境）班級人數少於七位，甚至會出現師生共享集思的現象。因為知識的構築需要「對話」與「經驗」，往往一堂課下來，只激發了一個觀點。

　　於是，在這種情況之下，教科書的呈現內容傾向於刺激啟發性。然而，學校的時間是有限的，所以這類教材的特色是不斷重複的練習題不多，這種練習題不多的教科書也往往是受學生所歡迎的，也因為上學主要是與同儕或教師進行合作或共享集思，所以**自我主動學習**是一大重點。因此，如果學習者沒有預習下一次上課所要討論的內容，或者沒有完成具有深度與廣度的家庭作業，那麼上學所得到的回報就會變得低落。

當然，為了解學生是否學到了東西，教師會進行評量。解放派評量著重於**實作評量**，也就是說，在學習者構築了空氣動力學的觀念之後，那麼接下來可以是讓學生製作一架飛行機器，證明其確實達到了課程標的。或者，接觸水產養殖的技巧之後，以成功養活墨魚的數量來進行學習評量。如果是保守派所愛用的紙筆評量，其內容很可能是要求學生判斷飛機逆風時的氣流型態（選擇題），或是回答墨魚在何種水溫下生存率最高（簡答題）。也由於解放派教學方式強調學習者的學習過程，因此學生被指導記錄自己的學習歷程，累積成為一份個人學習檔案，而教師可以藉由**檔案評量**來確知學生的表現有著什麼樣的變化。

　　相反的，保守派著重於基本技能的習得，所以教師經常需要利用有限的學校時間，進行快速而有效的課程傳授。他們認為，習得基本技能（偏重記憶與規則的知識）的最有效率方法，是透過**直接的教學**（請參閱direct instruction此名詞），簡單的說，就是教師直接呈現（1）步驟與（2）解答，省去學生自己探究眼下問題的時間，因此演講式的教學法似乎是最常被運用的。又為了讓學習者能在短時間內達到課程標的，大量的練習題是需要的。這類型的教科書會仔細呈現學習步驟，以專業術語而言，就是具有**系統性**，所以課程的分際是很明顯的。換句話說，如果你採用了保守派觀點的教科書，那麼你最好繼續採用下去，因為它們之間應該會存在很強的連結性。

　　同樣地，為了解學生是否達到了課程要求，保守派教師會進行在此稱為**考試**的評量。這種評量的執行大部分採用**紙筆測驗**的形式，而在不知不覺當中，學生所得到的考試分數就導

致了一種獎懲的制約效果，因而改變了學生的行為（往好或往壞發展，我們姑且稱其為蝴蝶球效應—投手投球之後，就無法控制球在打擊區的飄忽行為）。

很明顯的，如果某位教師採用了解放派的教學法，那麼保守派的教科書與評量方式就不適用，所以其學生在紙筆測驗上的成績就有可能會讓人失去信心，因為解放派教學法強調的是思考能力與動手能力，而不是在有限時間裡獲取高分的應試能力。另一方面，如果某位教師採用的是保守派的教學法，那麼解放派的教科書(教材)必然顯得不夠系統化，練習題也不夠多，而實作評量與檔案評量也就派不上用場，因為保守派要的是學生能夠在短時間內，反芻記憶或使用規則的能力。

從以上的觀點我們不難看出，為何保守派勢力在強調「能力測驗」的社會裡會變得日益壯大，因為保守派的整體課程媒介，趨向於提供學生大量的應試練習機會。但是，這並不代表學生因此而必定獲益，很有可能反覆的過度學習消耗了學習者的內在學習動機。因此，只要一有空閒，學習者所做的不是深入探討學校所學，而是沉溺於其他毫無關連的活動。套一句解放派的說法，學習者的心智會因此而逐漸鈍化。鈍化的心智很可能導致醜陋、愚蠢與欺詐。

除此之外，我們也經常發現，**為何學習者花了許多的時間寫考試卷卻得不到應有的回報呢？**秘密在此揭開，因為就算學校在每一個環節所採用的都是保守派作風，也無法保證學生手上的教科書內容（或補習班所學）與全國性測驗的試題有很大的交集。如果學生已經喪失了主動學習的能力（例如，只記憶考題），再加上考試的內容與形式，很多都是考生在考試當

下才第一次碰見的話，那麼可想而知，成績好不好似乎和運氣有比較大的關連，而和考生本身的用功程度、在校實力、甚或是智力，似乎沒有很強的關連（也參看第三章結尾處的「速度測驗」）。

當然，也有許多人質疑解放派作風是否能真正落實於一般學校教育。套一句保守派的批評，那就是「**過於天真**」。保守派常常攻擊解放派的一點，是說其不符合現實的教育狀況。為什麼這麼說呢？第一，學校時間確實有限，無法讓所有的學生真正在校園裡充分的構築知識。第二，教師花了許多時間「企圖啟發」學生的思考力，但是效果僅限於「容易被啟發」的那些不算多數的學生，顧此失彼的結果，使得學習能力較為緩慢的學生，無法從學校教育得到充足的基本訓練。第三，解放派的作業形式讓教師負荷過重，大部分學生不知如何下手，以及家長的疲於奔命，最後淪為應付了事。第四，難道解放派所教育出來的學生，就不用面對各式各樣的升學或求職紙筆測驗嗎？

由於解放派的家庭作業常常是一份或多份並不容易完成的**學習單**[註二]（參考附錄二），這使得學生真正發生學習的時空反而是在放學後。據此，來自於低社經背景（下層社會階級與低收入戶）家庭的學生，由於父母沒能力或時間幫助自己完成學習單作業，使得他們不但在學校無法得到基本技能的錘鍊，回家後也無法從學習單作業得到益處，當然，最後在作業成績以及考試成績方面是低落的，因而導致了教育方面的「貧富差距」現象。這在解放派作風行之有年的美國，形成了很大的社會問題，因為那些成績落後的學生，往往是家庭收入不高

的黑人小孩，而這些黑人小孩到了青少年時期，就很可能會輟學而走上犯罪的道路。

也許閱讀到此處，在你的心中已經醞釀了一種想法。那就是，何不把這兩派的作風結合在一起，這樣就能夠截長補短。但是，我想要提醒一點，這兩派各自有其整體配套的課程、教學與評量方式。企圖想要立竿見影，截長補短的粗率想法，最後很可能造成拼裝車的效果。換句話說，後果可能是兩派的效果沒有確實達到，但是兩派的缺點卻都具備，最後迷失在無所適從當中（請讀者想像一下，理論投入於現實當中的那種差距與可能變數之影響）。讓我舉一個很簡單的例子：一方面鼓勵學校採用解放派作風來培養學生；一方面又要這些學生接受保守派所強調的「紙筆能力測驗」，並暗示這是最重要的事。這種「矛盾」，確實讓許多人不知所措。

實際上，有的學校是以保守派做法為主軸，外表飾以解放派的作為。這是因為一般學校，沒有能力完全按照解放派的要求進行運作，由於整個大環境無法配合的緣故。於是，學校只能採用套裝教科書，著重學生的基本能力，採用保守派的評量方式，然後外加一點解放派的東西，許多畫蛇添足的做法因應而生。例如，在某些課程上企圖應用解放派的概念，但使用的卻是為解放派所詬病的套裝教材（參看第三章第一節），採用了套裝教材之後，反過來要求教師撰寫課程大綱、教學目標與教學活動（一隻腳套兩隻鞋）；或者，「口頭上」說自己是解放派擁護者，實際上學生體驗的是保守派的學習氣氛；或是，在紙筆測驗上，外加實作評量和檔案評量，假裝學校時間似乎是無限的，可以同時實施兩派的做法，不管學生是否經驗

優質的學習過程。

　　而在解放派風行多年的國度裡（例如，美國），**知識斷層**註三的問題在弱勢群體裡非常嚴重。（教育起點不一，加上貧富差距的交互作用，使得這些學子的基本能力受挫，在與優勢群體的表現相較之下，形成一種斷層現象。）為了解決這個問題，只好著重基本能力的測驗。這是因為似乎只有評量方式能夠變動，其他的因素已經積重難返了。那麼評量方式的改變是否確實解決了問題呢？（他們似乎也沒有認真思考過課程、教學與評量沒有配合一致的問題。）讓我們看看一所學校的做法，從所披露的新聞得知，這所位於美國南方的中學，為了避免學校因為沒有通過基本能力測驗而被處罰，只好想辦法使那些落後的學生離開學校，那些落後的學生往往是尚未融入美國主流社會的族裔（例如，西班牙裔），或是生活在貧窮線以下的美國人（黑人佔了多數）。讀者認為問題得到解決了沒有呢？（我的教學經驗告訴我，弱勢學童總是很難得到任何測驗的「關愛」。）

　　但是，我們必須思考，保守派的國度裡，努力確保了基本技能的多數，而在解放派的國度裡，不可忽略的，可能培養了多數思考能力優異（或說高創意）的群體。如果我們以金字塔形容這種現象，底部是能力最低的群體，尖塔是能力最高的群體，那麼長年下來，解放派所培養出來的金字塔人口組成群體，其尖塔可能會比保守派的寬。

　　這提醒了我們，保守派國度在高創意人力資源的缺乏性方面，可能會變成一項突出的問題，因為其具有基本技能的人力並不缺乏。反之，解放派國度很可能需要更多具有基本技能

的人力，藉此來支持高創意產業的永續發展。以我的教學經驗出發，我發現台灣的孩子，普遍在作業上頭呈現了模仿心態，這或許暗示了未來高創意產業發展力道不足的早期原因。

第三節　網路教學對照實體教室

　　不論你是偏向於解放主義觀點，或是較為喜好保守主義觀點，在你接受課程傳遞的時候，必定會透過某種環境。在人類社會還沒有被電腦網路「侵入」之前，大多數的學習者是在實體教室裡學習。然而，在現今電腦網路普及化的資訊時代，人們接受課程的場所可以是在家裡、辦公室或任何網路能夠到達的地方。

壹　透過網路授予課程—共享集思法範例

　　教師透過電腦網路，把課程大綱、教科書資訊、考試日期與範圍、作業繳交資訊甚至是考試卷放在網頁上，供無遠弗屆的學習者參考。因此，很可能教師是遠在美國，而學生卻是居住在台灣。所以，絕大部分的師生與同儕之間的交流與互動是碰不著面的。他們的互動，大部分是把個人的作業與心得分

享，貼在網頁上供大家參考，少部分是透過電子郵件進行私下的交流。

以研究所的課程而言，同一種課程的上課周期大約一個星期。也就是說，教授在今天貼了一個問題在網頁上，並且要學生在下週上課之前，至少發表個人意見一次，如果學習者的主動性比較高的話，在這一個星期之久的互動週期裡，很可能與全班十幾位的同學，透過網頁的對答而達到全班性的互動，使得師生共享集思的發生機率更大。這在實體教室的課堂裡似乎是不容易做到的，因為你不大可能有機會佔據整堂課的時間與全班每一位同學有充分的對話，而在與每一位同學、或某幾位同學、或教授之間的來往網路對話當中，學習者能夠更深入所學，**不會侷限於自我的象牙塔裡**。

現今的網路部落格（blog）也具備同樣的功能，並且似乎能夠把共享集思的精神發揮到極致。如果全班能有一個能夠讓學生自由發表的網路園地，那麼或許許多難以被教導的課程（例如，人性與道德課程、性教育課程）就能夠透過主題式的討論，讓學生發現適合自己的道路。

另外，碰不著面的網路學習策略也打破了文化的藩籬。基本上，學習者彼此之間的互動，可以透過文字而非口語。這使得分屬不同母語的人們，能夠透過網路以共同的文字進行有效的溝通。例如，在美國的教授可以和台灣的研究生以英文進行有效的交流，這去除了面對面以口語即興表達的不利因素，因為即興口語交流對於不屬於同一種母語的人們而言，是相當不容易的，更何況是學術上的思想交流。除此之外，對於某些教學活動而言，「碰不著面」是一項很正面的因素。例如，以

辯論會的方式讓雙方人馬在網路上長期的交鋒，不是比在教室裡爭得臉紅脖子粗更能使得真理越辯越明嗎？

貳　透過網路授予課程─演講法範例

　　在以上段落裡，我們討論了利用網路環境授予課程的共享集思法範例。在本段裡，我們將要討論使用網路教室進行演講式教學的方式。這種方式其實與實體教室裡的演講教學無多大差別，但是它似乎比實體教室的方式更容易使學習者達到（1）課前預習，（2）課後複習，以及（3）提高學習動機的目標。

　　網路課程可以不侷限於討論式的心得分享，它也可以是系統性的數學內容。對於這種課程，演講法是適當的。例如，筆者在美國田納西大學博士班所修的應用統計學課程，教授在上課之前就已經把內容放在網路伺服器上面供學生下載瀏覽，這內容一直保留，使得學生在課後還能不斷地複習，甚至還可以永久保留在你的電腦硬碟裡。在課堂上，教授在世界的某個角落一邊播放課程內容，一邊使用網路麥克風講解，並搭配運用電腦科技所發明的網路黑板功能，進行更詳盡的說明，而學生也可以在學校的無線網路咖啡店裡，以輕鬆自在的方式接收課程。這種方式的課程授予，使學習者不再擔心抄不全筆記或喪失預習的效果。因為有了充分的預習，學習者在提出問題方

面也比較有準備的時間。

　　由於學習者可以選擇預先自我學習課程內容，以此觀點出發，內在的學習動機被觸動了。除此之外，由於網路教學的特性，學習者「上課」的外在與內在阻礙消失了。比如，雖然外面下著大雷雨，學生也不用擔心到不了實體教室上課。或者，學習者可以選擇自己感到舒適的環境，自由進行學習活動，不須面對在侷限的實體教室裡上課的麻煩情況（例如，生理需求無法被滿足）而產生心理壓力，這些外在與內在的好處，對於提高學習動機有很大的幫助。所以，我們可以這樣來詮釋演講法之網路教學的優勢：預習優勢 × 複習優勢 × 學習動機優勢。

　　即使有許多人士質疑網路教學的效果，但是在美國確實已經有學校完全透過網路授予碩士課程，甚至是博士課程，這些學校不乏非常著名的大學。當然，質疑者的聲音並不是完全沒有立場。但是，不同於以往的方式也並不是毫無益處。就如同有的人認為，行動研究（action research）算不上是「真正的」研究，但是它背後所隱含的邏輯，與實驗研究、問卷調查研究或是任何你所能應用的研究法並無二致。

第四節　警語

事實上，課程授予方式的爭論已然成為「民主與否」的社會議題。我們知道，在專制時代，為了統治者的方便，教育的自由性很可能是被限制住的。在現今的資訊時代，這種限制以一種很微妙的方式產生作用，而這又跟「財富」產生了關聯。

以美國為例，公開的訊息指出，保守派所主張的標準化測驗（隸屬紙筆測驗）較利於白人中產階級。以台灣而言，從所公布的新聞資料觀之，能夠就讀於公立大學的學生，大部分是來自於家境較好的學生。這似乎說明了，「有錢」就能夠在教育方面得到更多的「自由」。相對的，「沒錢」就喪失了「受教自由」。貧窮國家也會因為「資訊化的貧弱」而使其國民在「訊息教育」的競賽上，處於被奴役的地位。

喪失了受教自由，就很可能使個人無法在社會上爭取一席之地。那麼，我們似乎可以說，這就是一種變相的「人權迫害」。這個問題值得讀者深思，因為我們所聽見的發聲，大部分是來自於強勢既得利益群體，來自於弱勢群體的吶喊，經常被選擇性地忽略與曲解。

註一：我曾經寫過一封信，請教一位在課程領域負有盛名的美國學者（Michael Apple），關於「統一」教科書的見解。回覆的信中大致提及，有文獻支持，看不出科學（science）類教科書，在統一的必要性上，有著一致的立場。依據我對信中內容的理解，其本人在是否使用統一教科書的觀點上，似乎不持有絕對的立場。他也似乎很想強調，到了學生腦內的教科書內容，是否違背了民主原則。

註二：教師設計一些問題，弄成一張單子，給學生當成作業。許多人把這類型的作業歸類入解放派教育系統。據此，呈現在學習單上的問題應該具有觸發高層次思考能力的特性（例如，設計一份問卷）。我個人認為，如果這些被呈現的項目只是讓學生反覆練習基本技能（例如，計算能力、漢字書寫），那麼似乎就遠離了學習單的特點。

註三：知識斷層（knowledge gap），是由 Tichenor, Donohue以及Olien，在1970年代所提出的概念。

下午茶時間

茶點 1

不管別人說你是屬於保守派或是解放派，請你自己靜下心來「確認」你是屬於哪一派。

茶點 2

同時追獵兩隻兔子的後果為何？

茶點 3

你覺得哪一派所付出的上學代價較高？為什麼？

茶點 4

網路教學是否可以弭平城市與鄉村學子之間的能力差距？

茶點 5

你個人認為形成貧窮家庭的原因為何？你認為哪一個派別所主張的教育功能，可以幫助貧窮人家的小孩脫貧？你所看見的實際情況是如你所想的嗎？

茶點 6

不易覺察的極權思想，是否是造成課程偏誤的主要原因？

茶點 7

科舉取仕的概念可歸類入保守派或是解放派？

茶點 8

住在洞穴裡的原始人怎麼學會丟垃圾的？

第三章
教科書所扮演的角色

「書的功用很多，但它絕對無法填飽你的肚子。」

教科書作為一種課程傳遞的媒介，對於學習者而言是至關重要的。當然，有些課程並不把教科書的重要性放在最前面，而比較著重於潛移默化的養成，例如品格教育。除此之外，如果你上過大學，你會發現，有些教授上的課並沒有指定用書，這讓許多的學生開心極了，因為省下了買教科書的費用。但是，不使用教科書並不代表課程內容是完全「空白的」，它還是有其傳遞課程的具體材料，例如發放的講義，網路查詢的資料等等。在許多時候，學生上學的時候是會被給與某本或某幾本書當作教科書的。

第一節　教科書的形式

教科書可以有不同的存在形式。以**概念**來做分類，一種是被給與的，而另一種是主動尋求而來的。以**外觀**而言，在中國的印刷術以及造紙術尚未發明之前，教科書以龜殼、竹簡、絲帛或是如敦煌壁畫那樣的形式存在；在這兩種非常重要的，關於人類文明發展的技術出現之後，教科書以書本的形式存在；而在人類文明進入資訊時代之後，教科書可以是數位化的資料儲存體。但是，我們別忘了，不管是龜殼、書本甚或是電腦光碟片，它都是作為一種知識傳遞的媒介。

壹　套裝教材

如果是「被給與」的概念，加上一般教科書的外觀，我們就可以稱之為套裝教材。套裝教材的特色是，上從課程大綱，下至教學活動，甚至是評量卷，每一個環節都是配套好的（請注意，**配套好的並不一定就是完善的**）。一份好的套裝教材，確實可以使教師省事許多。然而，要做出一份好的套裝教材也不是一件容易的事。

以我們的原始人範例而言，一份好的套裝教材甚至連弓

箭都要準備好。如果搭配不當，或者是設計不良，甚或是濫竽充數的內容，那麼套裝教材只是一種環境資源上的浪費。對於使用這種不良教材的教師而言，套裝教材使得個人教學效率大打折扣，也使得學生的學習效率低落，而這很有可能造成了教學偏誤與學習動機不彰的問題。

以國小數學課程的套裝教材為例，出版社通常會結合課本內容製作一套習作以供學生練習之用。如果習作內容超出課本範圍，學生勢必會遭遇習寫上的困難。這種困難，很可能因為學生疏於開口「請教」師長，而在心中留下疑問。如果習作與課本內容是搭配好的，老師就比較能夠面面俱到，降低此問題的發生機率。

現今流入學校的套裝教材，基本上是由出版社大量製作而成。組成這些套裝教材的元素，除了主要的教科書之外，還會有一些延伸的視聽教材，有人稱之為教學媒體。這些教材（或媒體）主要以光碟片的形式存在。另外，有些需要實際動手操作來達成理解目標的課程（例如，數學），會使用實作教具（例如，積木），而這些教具的生產也是按照一般的工業程序（例如，開模製作）來完成。除此之外，紙類掛圖、閃示卡片以及教師手冊，也屬於套裝教材的組件之一。據此，你會發現，一份好的套裝教材需要有高素質的教科書編輯，高水準的視聽製作，具有認證品質的工廠與印刷廠來配合。因此，優良的套裝教材是要付出相當的製作成本的，也由於這個緣故，好的套裝教材並非常見。

套裝教材基本上會配套一份與其教科書有關的評量測驗卷，以供教師評估學生的學習狀況之用。由於這些評量卷與

整套教材是一起發展的，因此測驗卷的內容基本上就是教科書裡的內容。對於保守派的擁護者而言，這種做法正好符合了鴿仔理論的「獎懲」方式。學生如果在測驗卷上拿了低分，當下就得到了心理上的懲罰。相反的，如果學生拿了高分，那麼就有一種自我獎賞的作用。但是我們必須了解，以考試分數促進學生學習，存在兩種副作用值得我們注意：（1）學生為了取得高分，僅把注意力放在考試內容上，這種現象狹隘了學習視界，以及（2）拿掉了測驗卷之後，學生反而不知道怎麼進行主動的學習，換句話說，學習者的心智很可能會因此而萎縮。

　　由於套裝教材在課程、教學活動以及評量回饋上的配套一致特點，使得採用同一家出版社教材的學生，學習到的內容都是一樣的，這造成了學習者的「井底之蛙」或「以管窺天」的現象。所以，解放派人士就常常批評這種教材的功能，僅限於培養一群不會思考的「鴨仔」。

貳　非套裝教材

　　另一方面，如果是「主動尋求」的概念加上一般教科書的外觀，那麼就可以被稱為非套裝教材。由於非套裝教材是由授課教師或學生依據課程大綱所搜集而來的，所以教材的內容會呈現**多樣化**的趨勢，也因此教材可能並不能完全符合課程大綱的要求。例如，學生所找到的歷史教材，很有可能在某些

歷史事件上與國家頒布的課程大綱有所矛盾。這種例子對於解放派來說實在是太令人開心了，因為解放派的支持者，很強調這種能刺激學習者主動思考的機會，這是讓學習者體現自由心智的偉大時刻。（不管非套裝教材是如何地自由，基本上，各國主管教育部門還是會公布課程大綱。當然，你大可以跳出這個框架，自行設計適合你自己的課程大綱，這完全符合教育理念，但如果你是位教師，就須注意你的學生將來是否能應付依據所公布大綱而設計的測驗。）

　　當然，非套裝教材有其尋找的困難性。有時，教師花了一個下午的時間還無法在網路上搜集到令自己滿意的教材，更不用說要在茫茫書海當中尋找適當且正確的教學材料了。因此，非套裝教材的品質可說是**良莠不齊**。除此之外，教師所傳授的非套裝教材，其組成元素可能是許多本書、網路搜查到的資料、經年累月所堆疊的講義等等，這些都是零散的材料。當然，零散並不一定代表內容貧乏或一定是內容豐富且正確無誤，但它意味著學生必須去整理這些零零碎碎的影印資料，並且具有優質的整理功力。這對於不算少數的中低能力學生而言，確實是缺乏了一種便利性。

　　使用非套裝教材的教師，必須尋求適當的評量來評估學生的學習成果。他可以往外尋求一搜集有關的問題，或往內開發一自己製作評量題目。不管是哪一種方向，評量的內容最好是與教材內容有很強的關連性，這樣才能得到學生學習成果的準確回饋。據此，往外尋求的方法就顯得很麻煩，因為要找到與教材內容有關的學習單或評量卷並不容易。另一種往內尋求的方法也存在一些問題。例如，編制一份詳細的測驗是很費腦

力與時間的工作，而不夠詳盡的評量卷所測得的學生學習範圍就變得窄小，也因此教師無從準確得知每位學生的學習狀況。

　　基本上，使用非套裝教材的教師，傾向於應用解放派所主張的實作評量，探究學生的學習深度與廣度，而非偏重記憶與計算能力的知識與技巧。這很可能使得慣於解放派評量的學生，在一般所謂的學科能力測驗（學測）、基本學力測驗（基測）、升學測驗或大部分學者所稱的**標準化測驗**（standardized testing）上處於不利的地位，因為這類測驗屬於紙筆評量的類型，而紙筆測驗的主要出題型式為選擇題，要求的是標準正確答案，這些都是學習單或實作評量所不重視的（解放派評量重視學生自我思考與動手做的能力）。（在資訊時代，紙可以電腦螢幕代替，而筆可以是電腦鍵盤。）

第二節　教科書的統一與否

　　從課程大綱制定者的角度而言，他們比較關心的是教科
書的內容是否符合課程大綱，這是因為教科書是傳遞課程的
重要媒介之一。從教師的出發點而言，教科書的內容正確與否
才是重點，一本內容錯誤的教科書會造成教學上的困擾。從學
生的觀點來看，教科書是否讓學習負荷過重才是他們所感興趣
的。

　統一的形式並不代表內容的統一

　　套裝教材的出版商根據教育主管單位頒布的課程大綱，
進行教科書的編寫。基本上，所編寫的內容應該是對應課程
大綱的內容。但是從第一章裡的討論，我們知道課程大綱可以
是很攏統的（請參看表1-1），它很可能僅止於指出一個大方
向。因此，根據課程大綱所編寫出來的教學目標與教學活動可
以因人而異。

　　以我們的原始人範例而言，在「應用器械獵殺動物」之
課程標的上，教學目標可以是「能製作並使用石斧（而非弓箭
或陷阱）」。據此，使用不同出版商的套裝教材所學習到的內
容，可以有很大的差異。此種狀況如果是發生在需要系統性知

識的數學教科書上，問題就不容忽視。例如，轉學生原本學習的一種版本，裡面尚未有除法內容，到了另一所學校之後，就要直接學習四則運算，因為另一所學校所使用的教科書版本早就有了除法內容，這就造成了知識上的斷層。這種斷層現象讓父母工作不穩定，必須經常轉學的社經弱勢學生，因為不同版本的教科書而付出了莫須有的代價。

根據以上所述，我們知道，使用套裝教材並不能保證全國的學生都能學習到相同的內容。這的確是一項事實，也因此教師是否採用套裝教材所提供的單本教科書，或是採用非套裝教材的自選多本教科書，在內容上都是達不到統一的目的。表面上，套裝教材的單本教科書似乎最能夠反映所頒布的課程大綱內涵，因為它是根據課程大綱所量身訂做的，而使用的學生也不在少數，也因此具有某種形式的統一。但實際上，由於出版社的不同，使得彼此之間的教科書內容不同，雖然這些不同的內容在課程大綱方面是統一的。

貳　統一的內容代表統一的錯誤

以教師的立場而言，教科書的內容必須盡量達到百分之一百的正確性。錯誤百出的教科書，使得教師與學生受害。如果錯誤發生在技術性的地方，那麼就會使學生的基本技能受挫。例如，漢字的書寫筆劃順序。筆劃順序的錯誤，造成學習

者書寫記憶上的困難以及字體的外觀，這確實影響了學生所獲得的評量分數。如果學生使用的是統一的教科書，那麼這種錯誤就變成了大家一致的錯誤。以生物學的觀點而言，這種外來的因素最終影響了基因。據此，我們或許可以說，這種統一的錯誤最終改變了學生的基本技能。

如果是觀念或事實上的錯誤，那麼傷害就遠大於以上所述。以觀念的錯誤而言，學習者付出的是良知的代價；以事實的錯誤而言，學習者付出的是無知的代價。如果大多數人使用的是統一的教科書，那麼這種傷害就是很大範圍的了。例如，二戰期間宣傳侵略主義的教科參考書籍，使無數的人類付出了靈魂與良知的代價。

那麼非統一的教科書就真的沒有以上所述的問題了嗎？此問題的答案是「不一定」。只要是冠上了教科書的標籤，在許多國度裡，不免會經過國家審定的標準程序。一旦經過了這套程序，不同版本的教科書，在某些地方就會被迫「統一」，這種現象經常發生在與歷史有關的記載上。解放派的教師可能很容易地避開此項困擾，因為他們理論上不使用套裝教科書或所謂的教科書，他們選擇適合的材料當作學生的學習內容，而這適合的材料，很可能是市面上不須經過教科書審定程序的國內外享有聲譽的歷史巨著。

叁 統一的教科書不保證測驗內容的一致性

　　也許有人會說，為了滿足考試的公平性，統一的教科書是有助益的，因為試題的出處就是來自於所使用的教科書。如果各校使用的教科書版本不同，那麼就很可能讓學生失去公平競爭的機會。在你接受這樣的論點之前，我建議你先把以下的說明看完。

　　首先，此處的測驗主要是指標準化測驗。所謂的學測、基測甚或是任何的升學測驗，基本上都具有標準化測驗的外觀（內容品質須另外檢視）。何謂標準化測驗？簡單地說，就是企圖以少量的題目測得被施測者的「能力」。這裡的題目類型主要是選擇題。以我們所熟知的駕照測驗而言，在測驗之前，大部分的人會熟讀一份交通規則手冊，這份手冊裡的每一頁內容都有可能成為試卷題目。因此，只要你熟讀這份手冊裡的每一頁，就很可能通過測驗。這是因為手冊內容不多，因此記憶全部內容是有可能的。再者，出題人員也僅僅會從這份手冊裡出題，因為考試內容就只有這麼大的範圍。所以，出題人員只要從題庫裡面隨機抽出少數的幾十題就能夠測得你的駕駛知識，而此處所指的駕駛知識不過是那本小小的手冊內容罷了。

　　現在把注意力轉向學測與基測。由於此兩種測驗會被當作升學的參考指標，題目對應試者來說應該不能重複以避免作弊效果。再者，出題教師為避免社會大眾的批評與維持測驗的

公平性，理論上不會把市面上的教科書內容當作出題的依據。那麼這些題目從何而來？是出題方依據課程大綱而自製的。這就造成了**學生所學的內容與考試內容會有出入**的實際現象。

　　稍早我們討論過，課程大綱可以是很攏統的，因此同樣的課程大綱會有不同的教科書內容，而不同的教科書內容會衍生出多樣的評量題目。據此，不管你使用的是套裝教材的單本教科書，或採用多種套裝教材的多本教科書，或者使用非套裝教材的資料，都無法保證所學與測驗內容是一致的。很明顯的，以公平性為出發點，主張是否使用統一的教科書，這種觀點是過於簡化了問題。所以，我們可以說，學生的負荷是由於學習者本身、教師與家長，對此類測驗的不確定性（或可能帶來的後果）所引起的一種多重盲目行為，這種不確定性可能源自於（1）課程、教學與評量的不一致，（2）評量的信效度問題[註一]，以及（3）評量的宣稱目的與大眾期望之間的交集太小。很難說是教科書統一與否所造成的。

第三節　關於教科書的警示

　　如果教科書變成是學習者的負荷，那絕對是一種不幸。教科書應該是幫助學習者成長茁壯的，而不是成為學習者的惡夢。學習者為了求得真知，他必須參考不同的資料，而內容無誤的教科書就是一種好的參考資訊。所以，一位學習動機高的

學生反而會主動參考不同的教科書。重點不在於單本或多本教科書，重點在於學習動機。**如果學習動機不高，半本教科書都嫌多。**

因此，為了提高學生的學習動機，一本圖文並茂、編排有序、內容高檔、印刷精美、閱讀舒適、裝訂堅固的教科書是很有助益的。對於學生而言，它就像是一種良好的學習工具，可以激起濃厚的學習興趣。以學習彈吉他為例，如果初學所使用的吉他質量不好，造成很大的學習障礙，那麼就算是原本有濃厚的學習興趣，也會被後來令人嫌惡的學習經驗所抵消。

除此之外，到底為什麼教科書會淪落為學生的一種負荷呢？如果我們不切實際地強調測驗所帶來的「神奇魔力」（例如，分數高有獎品掉下來，考高分能使你前途一片光明），以及不斷地要求學生受測，那麼教科書的內容就不再令學習者感到興趣，它對於學習者而言，會漸漸地變成一種沉重的心理負荷。這種心理壓力，很可能會連帶地影響大腦的運作而改變了學習者的身心健康狀態，甚至是品格的優劣。以品格而言，如果不斷透過各種方法，暗示你的孩子只把成績好壞放在生活的最重要與唯一目標，其他需求一概予以忽略，那麼依據我的教學觀察，這種壓力可能會造成孩子（1）為了避免失敗，只好拒絕主動參加與成績無關的學習活動，（2）無法與同儕建立良好溫暖的關係，形成無寬容雅量的性格，因為同學都是其潛在競爭對手，以及（3）養成愛慕虛榮、嫌貧羨富、功利主義、與人交往不真實的性情，或是（4）極度地缺乏自信。

我想要強調，教科書厚重的內容絕對不是訓練學生記憶之用的。相反的，它主要的功能是幫助學生進入知識的殿堂，

引起主動求知的慾望，進而促進人類文明的發展。這就像是蔡倫造紙所達到的積極目的：延續與累積人類知識文明，並且廣為傳承下去。如果你本身都無法記憶如此多的內容，那麼要求您的孩子或您的學生，在短時間內反芻這些記憶並且寫在試卷上，這樣做是否過於瘋狂了點呢？（廣義上而言，規定在短時間內完成的測驗，我認為都可被歸類於**速度測驗**，而此類測驗只要多做練習即有進步的可能性，時間因素往往使得受測者的智力，在此種測驗上無法充分發揮。）

　　最後，我想要再談論一下教科書多元化的議題。有人認為，於存在升學測驗的社會裡，教科書的多元化會增加學生的負擔，因為學生需要參考更多版本的教科書以應付升學測驗。如果升學測驗的題源是來自於坊間的教科書，那麼這樣的擔心確實不假，但是這樣的題源明顯違背了公平性的原則。然而，如果題源是來自於課程大綱，那麼專注於課程大綱似乎是比較正確的方向。源自於課程大綱的題目可以千變萬化，所以就算是你背誦了所有不同版本的教科書內容也無濟於事，重要的是把握基本的方向與原則，學習者靠自我導向的學習，增加知識的廣度與深度。

　　理想上，為了避免學生負荷過重，又能兼顧教育的多元精神，升學測驗的題源應該完全屏除坊間教科書的內容，秉持著這樣的心態，僅僅依據課程大綱進行題目的撰寫。假設這些題源的編製素質很高，存在評量偏誤的機率趨近於零，換句話說，出題方能夠以開放的胸襟接受社會大眾的批評，那麼學生就得以無懼於這些升學測驗，也不須對於不同版本的教科書產生焦慮，因為似乎唯一獲得高分的方式，只存在於課程大綱方

向與原則的理解和自我主動的學習上。但是，我們必須知道，考試焦慮的來源，可以不僅僅是教科書這一方面！

註一：請參考第十一章，第二節至第四節的內容。

茶點❶

請以你個人所扮演的角色出發，想一想你為何喜歡／不喜歡使用套裝／非套裝教材。

茶點❷

你覺得要在基本能力測驗或者學科能力測驗上獲取高分的機密是什麼？這和你手邊所使用的教科書有何關聯？你想怎麼做？

茶點❸

教科書是否有洗腦的效果？它對於一國的國民性格有何影響？

茶點 **4**

你是否贊成使用全國性統一的教科書？這與「民主化」產生衝突嗎？

茶點 **5**

如何預防與彌補知識斷層現象？

茶點 **6**

你認為下列何者（可複選）能夠被列入「人際關係課程」的教科書選單？

（①帝鑑圖說 ②拍案驚奇 ③果老星宗
④聊齋誌異 ⑤孫子兵法）。

茶點 **7**

「書中自有顏如玉」的想法與「讀書癡呆症」有何關聯？

第四章
麵包發酵了沒

「酵母菌的產生來自於腐敗的食物—它是一種時空的作用力。」

在以上的章節裡，我們探討了課程的緣由，課程授予的方式，以及教科書的型態。這三項要素基本上可以具體化學生（學習者）的學習。然而，我們很可能會想要了解，這些課程到底讓學生吸收進去了沒有？換句話說，也就是教學目標是否有被觸及的可能。這個時候，我們就必須從學生身上搜集資料，印證是否課程內容已經變成了學生的一部份。這種手段很像是大廚師煮菜所用的方法，如果想知道這道菜放鹽了沒有，那麼就親口嚐一下，從菜上面獲取資訊。如果所設計的課程確實已經在學生身上**發酵**，那麼我們必定可以從其身上嗅到相關的訊息。

本章即將探討的課程效果，著重在如何得知整體的表現情形上。至於個人的情況，假設「每天登山健走一小時」，這樣的課程讓你感覺體能越來越好，那麼此課程的效果完全可以透過自我評估而了解。如果是個人的學科表現，那麼與整體的平均相互比較，就可以讓你得知，此課程的效果在自己的身上，是否還有更多的「發酵」空間。別忘了，課程效果低落的原因有可能是起因於過難與乏味的課程。如果「每天登山健走一小時」對你而言難度過高，那麼就可能會出現反效果。現在，把你自己想像成一位儒學督導，你要如何確認一所學校所實施課程的效果呢？換句話說，你如何得知「己所不欲，勿施於人」這樣的教育大綱被現實化了呢？請繼續閱讀下去。

第一節　課程的本質與評估其效果的方式

在先前的章節裡，我們探討過各類型的課程（如核心課程、校本課程等等），在這些課程被安排進入課表並且實施之後，我們會想要知道成效如何。這個時候，會進行一種所謂的**課程評鑑**過程。這種過程的背後邏輯很簡單，那就是從學生身上搜集資訊，看看這些資訊與所實施的課程之間配合的程度有多大。如果配合的程度很高，那麼就代表此課程實施成效良好。如果配合的程度低，就指出課程實際上並沒有在學生身上產生預期的效果。

課程的本質

　　有些課程是可**量化**的。例如，語文、數學與科學等等能夠以測驗從學生方面搜集分數的課程。有些是**非量化**（質化）的，以校本課程為例，有的學校強調，凡是進入本校的學生都能夠「知書達禮」。這知書達禮的特質要怎麼去測量呢？如果使用一種知書達禮的測驗，去測量學生是否有這樣的表現，並給予九十分或八十分，這樣似乎是有點荒謬的做法。那麼，我們可以用檢核表（參看附錄三）的方式，來做初步的評鑑。這在稍後的段落裡，會進行詳細的說明。現在，讓我們把注意力轉向課程的本質與評估方式之間的合理性。

　　如果你要看看學校的英文課程實施成效是否良好，你最好先取得學校的英文課程實施大綱，藉此來決定你所要探討的內容。這是很重要的，因為各校有其不同的英文課程，所以學生所學到的英文能力是有差異的。如果你使用了不適合的評量，所得到的結果就是有偏誤的。例如，甲校的三年級英文課程包含了背誦一百個英文單字，而乙校是背誦兩百個英文單字。那麼拿乙校的標準去評量甲校似乎是不妥當的，所得到的結果也就不能夠代表甲校的課程實施成效。

　　以英文能力而言，很多都是可以量化的。就拿很簡單的英文單字字彙量來說，如果甲校確實宣稱，三年級學生能習得一百個單字，那麼我們就要從他們的單字課程教材中製作單字

測驗卷，如果他們沒有所謂的單字教材，那麼我們可以從其所使用的教科書內容當中形成測驗試卷，不管怎麼做，試卷內容必須是根據學校所宣稱的那一百個單字而定。然後，此份試卷施測於隨機選出的幾十位三年級學生，並求取這些學生的平均分數。如果滿分為一百分（代表一百個預期習得的單字），而從學生身上所獲得的平均分數為八十分，那麼我們可以說，此校的英文單字課程與學生學習效果之間達到大致80%的配合程度。

貳 評估課程的方式

對於可以被量化的課程而言，我們以最基本的統計概念去探究課程的成效。在此，我們以**成本效益**的觀點作為探究方式的基石。這主要是為了降低評量所要付出的成本（時間、金錢、人力以及物力）。據此，我們運用**隨機抽樣**來實踐成本效益的觀點。這樣的話，如果甲校有兩百位三年級學生，我們只需要從整個年級隨機抽樣約幾十位學生就能大致了解整個三年級的狀況。請記住，此處我們以平均數的統計概念來了解整體學生對於課程的吸收情形。

現在，假設甲乙兩校的三年級學生均分別被隨機抽樣出三十位學生來接受測驗。甲校學生接受的是根據一百個單字而編製的測驗，測驗內容為了符合成本效益，是從這一百個單字

當中隨機抽樣三十個單字而來。同樣的程序也應用在乙校，不同的是乙校的測驗編製是依據二百個單字，這是因為甲乙兩校英文單字課程不同的緣故。統計結果請看表4-1。

表4-1　甲乙兩校三年級英文單字課程效果摘要表

	樣本人數	平均分數	預期滿分	標準差	課程效果
甲校	30	85	100	7	85%
乙校	30	80	100	11	80%

註：甲乙兩校的測驗試卷不同。
　　課程效果＝平均分數÷預期滿分。

　　從表4-1所呈現的內容，我們知道甲校的英文單字課程實施效果達到85%，而乙校達到80%。如果80%是你可以接受的高標準，那麼此兩校都已經達到了你自己所設定的高標期待。也許你已經在此表裡注意到了標準差（standard deviation）這一欄。這裡的數字代表的是樣本人數所得分數的變異性。分數越大表示變異性越大。以甲乙兩校而言，乙校的標準差分數較甲校為大，這表示乙校三十位樣本學生的測驗分數彼此之間的集中性不如甲校。換句話說，乙校的分數分布趨勢可能比較分散一點。

　　也許此時，在你心中已經浮現出一個問題。那就是，兩校的課程效果是否可以互相比較？以表4-1的例子而言，我們是否可以說，甲校的英文單字課程實施績效比乙校優呢？此處

的答案是「否」，因為兩校用來從學生身上搜集資料的測驗試卷內容是不一樣的。那麼就算是使用相同的測驗試卷，兩校的英文單字課程也是相同的，我們也不能單從樣本的平均分數下結論。正確的做法是進行稍微複雜的統計**推論檢定**程序（可以是獨立樣本 t-檢定）。讀者可以在統計學教科書裡了解這種過程，在此我們就不加贅述。另外，不同學區的學生在這種紙筆測驗表現上的起點很可能並不相同，既然起點不同，比較結果是否有想要的意義就有待更嚴謹的商榷了。

那麼無從量化的課程又要如何評量其效果呢？我們以曖昧不明的校本課程為例，如果有一間名稱為炎陽小學的校本課程宣稱，凡是進入本校就讀的兒童都能變得「知書達禮」。那麼，首先我們深究知書達禮這四個字為兩個部份：一為知書，二為達禮。以知書的部份而言，學校需要提供有關的教學目標與教學活動來證明本校確實有這樣的課程在進行著，同樣的過程也應用在達禮的部份。

因此，如果炎陽小學提供的有關知書部份的教學活動，包含了每天晨讀二十分鐘，那麼我們就隨機訪談學生，直接探詢是否有晨讀這項活動，或者設計一份問卷以了解學生喜愛閱讀活動的程度。以達禮的部份而言，如果學校所提供的書面資料是「以微笑迎賓」，那麼我們就要看看這項課程是否已經在學生身上發酵。要尋找答案？很簡單，走入校園漫步，看看你被學生的笑容問好了嗎？不過，請記得保持儀表端莊並在胸口掛張賓客牌，以免學生誤會。如果訪談的結果和校園漫步的感受與學校的說法一致，那麼就證明學校的知書達禮課程不僅僅是一項口號，還有成為現實的可能。（我們可以參考表1-1與

表1-2的格式，把知書達禮歸類為一種具備能力，並依此發展後續的課程標的，也請參考表9-1的評量設計。）

當然，在成為現實之前，會有許多干擾的因素。例如，晨讀的書籍是否吸引學生，學生是否擁有所閱讀書籍的選擇權，禮節課程的實施方式是否會有反效果（如果是強迫的話，反而讓學生討厭客人的來臨）。這些細節必須透過全校教師對課程進行「聽證」才能發掘，進而圓滿解決。**課程聽證**類似於一種共同討論的會議，對於國民教育階段的學校而言，參與者主體是全校教師以及校長，討論標的是課程，而開放的討論氣氛有助於優化所要實施的課程。對於研究所而言，課程聽證屬於指導教授與研究生之間的小型會議，討論的結果甚至可以決定畢業學分的多寡，論文的模式（獨立論文或共同論文），這是筆者於美國研究所的留學經驗。課程聽證的另一種作用是確定課程之間的銜接性質。例如，在學習進階統計之前必須有初級統計課程的基礎。

此外，我們還須注意學校所提供的教學目標與活動資料是否是配合課程的。例如，跳蚤市場活動就可能與「知書達禮」課程的目標相距甚遠。因此，不適當的教學活動，很可能使得課程的效果大為降低。這方面的檢視與對話可以精進非量化課程的品質。

課程滿意度問卷與課程評量

　　當我們積極於使用訪談或測驗，企圖從學生身上搜集資料來對照我們所期待的課程效果時，別忘了，接受課程內容的學生才是主體。對於主體而言，他們是否也應該享有發言的權利呢？答案是肯定的。透過瞭解學生對於所接受課程的感受，我們對於課程效果的誤判率就會更為降低。

　　這種學生問卷的設計，大部分是量化（可以算出分數、百分率或比例）與質化（可進行內容分析）兩種方式的混合模式。問卷的發送與回收可以使用電子郵件，或是課堂上的紙本填答（課堂上填寫此類問卷可能會因為旁觀者效應而無法讓個人誠實回答）。整份問卷內容的長度不一，可以短如五題，也可以長如三十題。以筆者在美國所做過的課程評鑑電子郵件問卷而言，只有約五項左右的量尺類問題，以及最後一項的開放式問答題。以紙本問卷為例，約有三十幾道問題，其中包含學生的個人訊息（如年紀、婚姻狀態等等），評量課程的問題，以及最後幾道的開放式簡答題。不管是量化的題目或是質化的題型，最好簡潔清楚，以免學生誤答。

　　這些評量問題的設計概念，很多都是來自於李克量尺（Likert scale）。以李克量尺所設計的問卷請參看附錄四-A（附錄四-B是以類目型態所設計的問卷）。大部分的問卷都使用五點或七點量尺來評估答卷者的反應。使用奇數的原因是為

了使中間存在平衡點，而使用七點量尺（而非五點）的原因是為了放大差異。由於李克量尺不具有**絕對等距**的特徵，也就是說，路人甲心目中2至3的變化程度很可能不會與路人乙心中所感受的一樣（這也是心理量尺的特性），因此把這種變異量視為如同溫度計指標那樣地具有絕對等距的功能是不妥的，所以中間存在平衡點是良好的設計。

最後，你可以在問卷的結束之處加上幾道問答題。例如，你對於此課程有何建議？填卷者對這種開放性問題的回答蘊含了課程如何可以更好的建議。學校或教師，可以透過分析這些建議的內容而產生更好的做法。

如果你使用類似附錄四的問卷作為評鑑課程的參考，請你分開詮釋每項問題的得分，因為這類問卷所發展的問題，技術上並不一定代表問卷的標題。換句話說，如果我們不清楚每項問題之間的關連性，那麼加總每項問題的得分，來代表整份問卷的標題分數是不妥的。以我們的附錄四-A問卷為例，我們不能說這七題的總分，代表的是這位學生對此課程的「滿意度」，因為我們沒有進行這七項題目的關連性分析。也許其中有一題與其他六題的關連性不強，所以把這關連性不強的一題也當作是整體的滿意度分數並不適當。

在你分開詮釋這些問卷題目時，請以平均數的概念理解所得到的回答。例如，以附錄四-A的第一道題而言，假設你回收一百二十四份問卷，請把這一百二十四份問卷的第一道題分數相加後除以一百二十四，求得此題的平均數，之後再進行分數的深層意義詮釋。假設你把滿分五分截成上下兩段，而你得到此題的平均分數是4.5，那麼你也許可以宣稱，平均上，

學生是很喜歡上這堂課的。如果得到的平均數為1.4，那麼很可能表示，學生寧願翹課也不願意進入此課堂當中學習。

問卷的回收率請盡量達到95%以上，偏低的回收率會造成詮釋上的偏誤。假設回收率只達到50%，又假設回收的問卷都是來自於分數優秀的學生，那麼分析結果的代表性就僅止於那些學生。少了其他學生的訊息，很可能導致課程改進的盲點。

還有一種回答訊息喪失的問題。也就是說，回收問卷裡有的題項沒有被回答，因此我們無從得知確切的訊息。這種偏誤很可能導致錯誤的結論。例如，在三十份問卷裡，某一題項有十五個人答「贊成」，十個人答「不贊成」，五個人沒回答。我們無法確知這五個人的意向為何，然而大部分的人很可能就斷然宣稱，贊成的人占多數。但是，假設這五個人的意向為「不贊成」，那麼結論就很可能產生巨大的轉變了。

當然，你也可以進行這七個題項的關連性分析，如果這七個題項彼此之間的關連性很高，那麼你就可以從這七個題項的總分平均來詮釋學生的課程滿意度。這種關連性分析的方法涉及較為複雜的統計程序，這種被稱為因素分析（factor analysis）的統計技術，經常被用來發展心理衡鑑量表（例如，教學焦慮量表），除此之外，還得進行信度與效度的計算。讀者可以參考專業的統計以及量表製作書籍，在此我們就不加贅述。

第二節　影響課程效果的因素

 中上游因素與評鑑方式

　　課程的效果屬於學習活動的下游成果，因為我們必須先有課程大綱、教學目標、教學活動，然後才能在學生身上搜集課程效果的資訊。據此，只要是中上游產生了偏差，最下游的結果就很可能會與預期產生非常大的差異，換句話說，學生上學所應獲得的回報，會少於我們所期待的。

　　不適宜的課程大綱，或是教學目標與課程大綱的關連性低，或者教學活動與教學目標的符合程度不高，評量卷與課程內容沒有很大的交集，甚或是使用素質低落的教材，這些原因（個別／全部）或多或少皆會**模糊化**下游的課程效果，而且我們不能保證這些偏誤不會影響到學生的學習動機。在這些因子的交互作用之下，就算是使用公平合理，具有信度與效度的評量工具（請參考第十一章二至四節），也很難呈現令人信服的結果。

　　另外，如果你採用了解放派的課程與教學程序，但是最後用以評鑑課程效果的方式卻是保守派的（例如，紙筆測驗），那麼很可能產生不真確的結果以及導致學生不良的學習經驗（所學無法真正被評估），於是課程效果就不如預期。例

如，以選擇題評量學生是否具有良好公民的情操（很可能導致
高估的結果）。相反的，如果採取的是保守派的古典詩詞課程
教學，但是最後卻使用解放派的開放式自由寫作來評估學生的
語文程度，那麼就可能導致低估的後果了。

貳　時間因素

　　如果我們想要有立即的課程效果，那麼往往就會淪為一
種趕流行的現象。為了使學生確實習得課程的內容，長期的計
畫是必要的。這意味著時間的安排與延續必須妥當。不妥當的
計畫造成學校行政資源的浪費，學校教師教學時間被擠壓的現
象，以及學生的學習效果低落。

　　以知書達禮這樣的課程而言，透過晨讀二十分鐘來達到
知書的效果絕對不是一兩天的事情，學生可能需要每週二次，
每次二十分鐘的早自習時間進行閱讀，持續進行直到畢業為
止。這樣的效果才是深刻持久的，才能讓學校自豪地宣稱，只
要是這裡畢業的孩子都是喜歡閱讀的，而學生們也都能對於自
己的閱讀能力有很強的信心。

　　當然，除了飽讀詩書之外，我們也想要學生們能「懂
禮」。這個時候，教學目標可以是「能尊重他人與自我價
值」。所發展的教學活動可以朝「提升感受力」這個方向走。
實際的活動也許是每週一次五分鐘的「靜心傾聽」，或者是每
週一次的「客人您好遊戲」。前者的效果很可能需要很長時間

的累積才能顯現，而後者可以當作是其中一項調劑活動。

　　因此，我們可以發現，時間確實是影響課程效果的因素，尤其是非量化的課程。這種課程大部分都與潛移默化的特性有關，例如品格教育。如果此種課程被視為核心課程，那麼時間就很充裕，因為如同我們先前所討論過的，核心課程代表的是最被重視的課程，既然是這麼重要的課程，學校就會分派較多的學習時數。例如，少林寺的核心課程為武禪，因此練武參禪佔用了主要的時間。

　　但是，大部分的學校，僅僅是把此類課程當作「口頭上」的核心課程，而實際上的核心課程是語文、數學與科學。在這種情況之下，類似知書達禮這樣的非量化校本課程很可能會被邊緣化（或許，只要不是核心課程的課程都會被邊緣化）。對於邊緣化的課程而言，時間的安排就很重要。如果壓縮到教師進行核心課程，或其他教學活動的時間，很可能會造成教學與行政對立的現象，於是又會多了一項影響課程效果的不受歡迎因子。

 ## 叁　潛在因素

　　如果說，我們期望學生都能夠懂「禮」，傳承令人歡迎的儒家課程，那麼把《論語》當作核心課程傳授，就能夠達到我們所預期的效果了嗎？或者，我們期望學生都能夠做好資源回收的工作，那麼把資源回收列為重點課程就能使效果令人滿

意嗎？

　　以傳承「禮」的儒家課程而言，如果我們以成績優劣作為淘汰或獎賞學生的標準，那麼無論教師如何口沫橫飛地傳遞「想要」的課程，大部分學生所學習到的潛在課程很可能與「君子之爭」無多大關聯。以資源回收課程而言，如果回收的過程讓人有「不愉快」的經驗，那麼不管多麼地強調以及舉辦多少的相關活動，對於此課程效果能夠深植學生心中，並使其身體力行的期待，就有很大的機率會落空。

　　此外，我們也不得不注意教學活動的道德意義。有些時候，表面看起來很正派的課程大綱，到了有心人士的手上，卻會衍生出不具有任何道德特質，甚或是反人類的教學活動，依據這種教學活動所產生的課程效果是非常可議的。例如，在課堂上以具有鄙視訊息的漫畫，介紹他國的風俗文化，或是使用偏頗（單一）觀點的電影，灌輸學習者他國的形像。

　　因此，我們可以這樣說，優良的課程效果來自於「細心體認一切細節」。如果我們（小從個人大至整個社會）能夠屏除那些可能或已經傷害課程效果的潛在因素，那麼受歡迎的成效就能夠確實跟隨著我們想要的課程而來。相反的，如果我們「蒙上眼睛」，假裝一百分的課程計畫就會導致一百分的課程效果，那麼「國王的新衣」是永遠也不會被縫製成功的。

第三節　影響課程評鑑的因素

此處我想要談談評估課程效果的程序，我之所以把此節所探討的東西與課程效果進行細微區別的理由很簡單—必須先有預期課程效果的存在（不論有或無），才能有後續的課程評鑑程序，前者是後者的必要條件，而後者是一種選擇。

壹　抽樣因素

稍早我們提過，為了兼顧成本效益，在課程的評鑑過程當中，抽樣調查是個可行的方式。然而，抽樣調查又可分成**隨機抽樣**與**非隨機抽樣**。以隨機抽樣而言，我們已經把整個學校當作一個母體。因此，從樣本身上所獲得的資訊，可以代表學校的情況。例如，從全校三年級學生群體裡，隨機抽樣三十名學生，從這些學生身上所搜集到的資訊，就大約代表了此校在三年級所實施課程的平均狀況。但是，如果樣本不是隨機抽樣得來的，做出以上的宣稱就顯得言過其實。

假使樣本不是隨機抽樣得來，那麼就稱為非隨機樣本。對於非隨機樣本而言，我們想要了解的母體就很可能不是隨機樣本所能代表的了。為了從非隨機樣本推論出正確的母體，

樣本特徵的詳盡描述就非常重要。我們可以這樣想，假設評鑑小組的落腳之處是在學校會議室，而就在打掃時間有學生進來打掃，為了方便，評鑑小組很可能就在這些學生身上搜集課程評鑑所需的資訊，比如請他們寫一份英文試卷（試卷內容須配合學生學習內容）。試想，這些學生在這份試卷上的英文平均分數能夠代表此校三年級的英文課程效果嗎？答案是曖昧不明的。首先，你一定會說，這些打掃的學生不一定是三年級的學生，所以得到的結果當然不能代表三年級全體。然而，我甚至會說，就算這些是三年級的學生，但是教師派來打掃會議室的學生，很可能是班上的成績優秀學生，所以得到的結果會是「誇大的好」。

因此，要從非隨機樣本（例如，**方便樣本**—隨手可得的樣本）得到正確的推論，就必須有樣本的特徵資料，例如學業成績或任何你覺得與課程評鑑有關的特徵。這些都必須明瞭之後，才能進行可能具有微小偏誤的推論。否則，推論的嚴重偏誤就會造成課程評鑑的偏誤，如此則無法了解真實的平均情況。

貳　評分者因素

首先，讓我們想像一下，如果評鑑學校課程的小組人員不具有本書所探討的專業認知，又不曾在教育界有過多年的基

層服務經歷，那麼他們所達成結論的價值，很可能不會高於一群高中生拿著一份制式評鑑量表所做出來的評斷。為了讓你對此有更深刻的體會，讓我們試著回答一個問題：「你放心讓一位不具有基本戰鬥技能與國防專業知識的人，擔任國防部長來保衛你的家園嗎？」

此外，評鑑小組所達成的結論，應該是在參考小組成員個別評分之後所產出的整體平均結果。例如，假設有六位評鑑小組成員，每位成員對某課程的評鑑分數分別為八十分、八十一分、七十九分、八十二分、八十分以及六十九分，那麼你比較相信這六項分數的平均數或是前五項（踢除六十九分）的平均數呢？

很明顯的，以此例而言，六十九分與其他五項分數非常地不一致，因為這種極端分數只有一個，所以忽略不計是具有說服力的。但是，深究此分數的背後原因（評鑑量表因素、評鑑者因素或是其他潛在因素）卻可以帶給評鑑小組一些提升評鑑價值的洞見。

然而，如果這六項分數變為九十一分、九十分、九十五分、七十三分、八十分以及六十五分，那麼似乎只有前三項的評鑑分數勉強具有一致性。此時，如果評鑑小組給你這六項分數的平均數，或是前三項分數的平均數，來代表某課程的評鑑結果，相信你很可能都會不予接受，因為其**評分者間一致性**已然喪失殆盡。既然評分者之間的意見這麼地不一致，表象的平均數就無法精準地代表了其所想要傳達的東西。

為了提升整體評鑑小組所達成的整體平均結果價值，(1)評分者素質齊一化以及(2)評鑑量表可靠性（信度與效度的探

討）的探究是必要的。因為這兩者都是影響評分者間一致性的重要因子，所以如果評鑑小組沒有提供這兩方面的有力訊息以及個別成員的評鑑結果，你是可以合法地拒絕接受他們想要給予你的評鑑結論！

叁　虛假成份

　　此處我想要再提醒一次，如果你想要知道廚師煮菜放鹽了沒有，你最好嚐一口菜（而不是抓一把鹽），才能得到接近真實的結論。據此，如果你想要了解，到底所實施的課程在學生身上發生效果了沒有，你必須從學生身上搜集資料，才能進行源頭與下游的對照，也才能確知是否學生達到了「**確實的學習**」。

　　但是，許多人在進行課程評鑑的時候，卻只看了上游的東西，似乎忘了下游學生主體的存在。這就像是別人問你這道菜放鹽了沒有，你不去嚐一口來獲取可能的答案，卻抓了一把鹽過來。

　　於是，許多學校就準備了很豐富的上游成果，來證明下游的成果也是如此。他們之所以這樣做，一部分是因為下游主體似乎不被他人所重視（雖然口頭上一直強調），也有可能學校行政或評鑑單位並不了解（或根本不在乎、不想面對）課程評鑑的邏輯，這是有點荒謬的現象。

上游的東西可以很快地搜集得來。例如，課程大綱、教學目標以及教學活動等等的書面資料可以趕工製作。或者，規定學生上繳平常的作品，甚或是為了被評鑑而偽造考試卷、評量表或學習單，囫圇吞棗的堆滿了整間會議室。如果你只看這些東西，你將看見許多虛假的成份而不自知。但是，如果你走入校園，與學生接觸，利用隨機訪談、測驗或問卷直接從他們身上搜集訊息，然後與學校宣稱的課程進行細節上的比對，你將能分辨何謂虛假，何謂真實。然而，如果你堅持手裡抓把鹽，卻不去親口嚐一下，那麼你對於這道菜的評鑑，將永遠會是個「謎」。

下午茶時間

茶點 1

請您列出三項非量化課程與三項量化課程。

茶點 2

您覺得多少百分率的課程效果（例如70%）才是可接受的？

茶點 3

您或您的小孩有填寫過課程滿意度問卷嗎？您有什麼樣的感受？為什麼？

茶點 4

你認為一位優秀的廚師需要具備哪些能力？一項優質的課程會展現什麼樣的特徵？

茶點 5

口感好的麵包其製作秘訣為何？

教　學　篇

「不憤不啟，不悱不發，舉一隅不以三隅反，
則不復也。」—論語

第五章
鸚鵡說話不稀奇

「外表亮麗的蘋果也許只是因為上了一層蠟。」

我們是否可以說：「只要是採用了適合的手段，就算是對牛彈琴也是可行的呢？」或者，「只要加以訓練，猴仔也可以寫書呢？」對於以上兩種說法，似乎透露出一些訊息，那就是我們是否可以忽略學習者達到了真正的學習，而只在乎表面的一些學習表現呢？身為學習者的你，是否一直使用了無效的自我教學原則呢？換句話說，所使用的教學手段，如果沒有著重理解能力，那麼所教導的對象是猴仔或人類也都無所謂了！

第一節　教學歷程所使用的原則

　　首先，我必須強調，絕大多數教師在課堂上進行教學的時候，面對的是一群人類。因此，所使用的教學手段應該是能夠使學生達到理解的目標，而不是純粹的模仿學習。當然，我們不能說促進模仿學習的方法就是不好的，而是，在模仿的同時，我們是否在學習結尾處，企圖感受那種心神領會。以下就讓我們來探討三大教學原則。請注意，我們的最終目標不是模仿！

大腦認知取向原則

　　大腦可說是一個非常神秘的有機體，它確實是實體的存在，但是在許多方面，它進行的（與使它運作的）卻是讓人感覺既抽象又實際。例如，你的某種活動痕跡，會不經意觸動了某些記憶而使其浮現。假設在你面前有一張親人的照片，這張照片或許會讓你回想起一個英文單字，如果你的親人有一個英文名字的話。但是如果你沒學習過英文，那麼這個單字或許很難被你所精確回憶並且表達出來。

　　所以，為了讓你能充份記憶這張親人照片裡的所有內

容，你很可能需要博學一點。比如，認真學習英文，在你的大腦裡面建立英文細胞。這樣，當你以後看見這張照片時，對親人的情感就很可能會觸動你的大腦英文細胞，而那些關於你親人英文名字的字母，就會被帶入你的親人記憶裡。請注意，你的親人記憶與英文記憶很可能是屬於不同的區域，這兩個區域透過連結而組合，使你的親人回憶內容更精采了一點。

　　依此類推，如果你想要學好英文，那麼你最好在你的大腦裡，儘可能地建立相關於英文記憶的區域。這些區域很可能分布於大腦的不同部分，可能在左邊，也可能在右邊，不管它在哪一邊，別擔心，只要你的大腦沒有損壞，它們是可以互通有無的。

　　那麼，我們要怎麼著手建立屬於英文記憶的多個區域呢？我相信你已經有了答案。那就是要同時訓練英文的聽、說、讀、寫能力，並且這些能力最好建立在不同的學習內容上，這種做法可以**複雜化**英文區域，使得被不經意或刻意觸動的機率增加。例如，在說英語的學習內容上，練習不同場合的會話內容。那麼，當學生去超級市場結帳時，就很可能突然想起「結帳」的英文說法，連帶地勾勒出有關的英文單字。這時如果回家下筆寫一篇「超市購物」的英文短篇作文（幾句話就好，避免負荷過重），又可增加英文寫作能力。也許在回家的途中，看見了交通警察，如果曾經學習過相關的會話，腦中很可能會浮現「Police」此英文單字，那麼回家寫超市購物作文的素材又多了一樣。由此可知，學習內容越多樣化，學習被觸動的機率越大。換句話說，靈感越來越多，學習越來越熟練。當然，如果學習的內容不夠貼近學習者的生活，學習被觸動的

機率就很可能不如預期。

　　讓我們從另一個角度來看複雜化過程，此過程可以使學習者熟悉基本的學習內容，基本技能扎實了，往後的「高層次」能力就有被發展的可能。此處我們以體育課程為例，如果你想要表演中華民俗技藝─扯鈴，你必須先學會一些基本動作。當你學會這些基本動作之後，**同時**練習它們，使得這些技能元素緊密結合在一起，並且達到熟練的境界。假設你又有點西方芭蕾舞基礎的話，你很可能把兩者結合為一，發展出屬於個人風格的高難度扯鈴表演，為自己贏得如雷的掌聲。由此我們可知，學習過程的複雜化也可以是提升學習能力，開發學習潛能的可能因子。

　　複雜化可以是學習內容的複雜化，也可以是教學方式的複雜化，或者兩者混合在一起。以國語文教學為例，透過聽覺領受、說話表達、朗讀課文、習寫生字詞，學生經由教師的這一系列「複雜教學」啟動了高層次思考能力的運作，使得基本的學習內容（課文）得以延伸（因此而複雜化學習內容）。

　　對於使用大腦認知取向教學原則的教師來說，在課堂一開始，尚未進行主要教學活動之前，提綱挈領的工作很重要，因為這是在喚醒學生的記憶區域，為隨即展開的教學活動進行熱身，所以課前學習方向的呈現就是一項重點。據此，在學習應用統計學的內容時，一種好的做法是，把即將在這堂課要學生學習的東西，以易於觸動學習者大腦對於「數學」或「生活應用」感受力的方式，用大綱呈現出來（參看表5-1）。另一種做法就很可能無法達到預期的效果，因為充滿了學習者可能完全不了解的專業用語（參看表5-2），而這種呈現方式很可

能使程度不好的學生陷入深深的「困惑」之中，影響了學習動機，進而使其經歷了極不友善的學習過程。

表5-1 「應用統計學」之課前 提示大綱（親切版）	表5-2 「應用統計學」之課前提示 大綱（迷惑版／火星文）
1.比較兩所學校的數學成績	1. *t-test*
2.口蹄疫對豬、牛和羊的影響	2. One-way ANOVA
3.你對奧運桌球選手的名次評價	3. Friedman's two-way analysis of ranks
4.身高與壽命長短的相關性	4. Pearson's product-moment correlation

　　認知的過程也牽涉到**難易程度**。以漢字學習為例，筆畫多的字是比較難的，因為筆畫多的字牽涉到了更多結構組合的問題，而初學者的大腦裡，可能沒有足夠的記憶區域，使這種比較複雜的組合能順利達成。所以，先學習簡易的字體，逐步

進入困難的字體，可以是比較長遠的做法。「成就感」是一種非常具有穿透力的內在學習動機，讓小朋友從比較簡易的字體學起，可以為其將來的學習自信建立基礎。除此之外，在課文字數方面，也是從短篇漸漸進入長篇會比較適宜，因為理解課文的能力，也是需要多方面的大腦記憶區域來支持的。如果您想要您的孩子不會「輸在終點」的話，請先給他容易消化的學習內容。

當孩子在習寫生字的時候，他正在把這些形象刻劃入大腦的某個記憶區域。先前我們討論過，要讓這些記憶容易浮現，就要儘可能地建立許多線索與其產生關連。這些線索對於學習者而言最好是具有（重大）意義的，或者學習者可以想辦法使記憶內容意義化。例如，一張親人的照片，把化學元素編成故事來記憶。有意義的線索能夠幫助學習者建立較為**長期的記憶**，換句話說，如果學習者以故事結構來記憶令人眼花撩亂的化學符號，那麼就比較能夠記住，並且保持一段長時間。以認識漢字為例，透過有意義的文句，促進單字的理解，能夠鞏固此字的形狀、發音與意義，以後就容易再次回想起來。如果學習沒有建立在對於學習者而言是有意義的內容上面，那麼所表現出來的成果，僅僅是曇花一現的**短期間記憶**，這就像是記憶一組用過即丟的電話號碼一樣。

以學習漢字而言，筆劃的順序對於鞏固長期記憶是非常有助益的。養成以固定的筆劃書寫同一個字，等於是在建立一**種習慣性的線索**。雖然單就筆劃而言似乎是很抽象且不容易記憶，但是透過重複的習寫所養成的習慣，第一筆會帶出下一筆的記憶，這減少了小朋友寫漢字時缺東漏西的錯誤。當然，正

確的筆劃也有助於字體的美觀。

　　之前我們討論過，以多樣且對學習者而言是有意義的學習內容來促進學習，目的是增加學習內容被觸發的機率。因此，以學習英文而言，一天一點並多樣化的學習進度，比一星期一次的大量學習來得有效。這是什麼道理呢？這是由於每天一點點的聽、說、讀、寫內容，至少比一星期一次多了六次學習內容被觸動的機率。實際上不止六次，如果每天確實進行了聽、說、讀、寫等四種形式的練習，那麼六次乘以四次就是二十四次了。另外我們須注意，預期大量學習所造成的心理負荷，對於學習者的學習動力而言，很可能是沒有加分效果的。

　　此外，長期記憶的形成是有其節奏的。科學界發現，我們在企圖記憶一些中性素材時，大致歷經（1）短期記憶形成階段，（2）暫忘階段，以及（3）永久遺忘階段。（當然，令人驚嚇的非中性素材，也許直接變成你的長期記憶而永生難忘。）有技巧的學習者，會在永久遺忘階段之前加入複習階段。據此，研究記憶的科學家們會告訴你，良好的記憶習慣應該是經歷（1）短期記憶形成階段，（2）暫忘階段，（3）複習階段，（4）長期記憶形成。此處，複習階段應該要重複多次，以此來盡量撿拾暫時忘卻的內容。那麼，最有效的複習時間點與次數註一又是如何呢？在回答這個問題之前，我們應該考量個別差異。以資優學生而言，也許二次就已經足夠；以智能缺憾學生而言，也許需要很多次。然而，在此我們把注意力集中在平均（不考慮資優與智能不足）的情況，那麼可行的方式也許是：第一次複習約在記憶開始後的五分鐘，第二次複習約在十五分鐘，第三次複習約在三十分鐘，每次的複習都要從

頭開始，你很可能需要在隔天早上進行第四次的複習，第四次的複習可以把最難以記憶的內容挑出來，爾後進行重點加強。

教師可根據此長期記憶形成法則，為學生的作業進行有效的安排。一種簡易可行的方式為「分段化」學生的家庭作業。以漢字習寫為例，可以讓學生在課堂上練習一半的分量，另外一半就是當日的回家功課，隔日再分派三分之一的習寫量作為家庭作業。到了第三天，教師得進行隨堂抽測，以確知此分段式練習策略是否在某些學習者身上還需要加強。同樣的法則，也可適用於教學的歷程上。

當然，學習不僅僅是記憶某些基本符號或語言，它還牽涉到了從**實體轉換至抽象**的過程，這對於學習數學是很重要的階段。很多學習者往往在小學階段，一時沒法兒在此處達到應有的理解而討厭數學。讓我們回想一下，當我們在小時候學習加減乘除的時候，使用實物或者圖畫可以很容易算出答案。但是，如果要以抽象的數學公式，代替這種圖畫式的問題解決模式就顯得困難許多。一部分的兒童還是能夠輕鬆克服這道關卡，但是不算少的群體卻始終無法順利跨越這道鴻溝。

這個時候，我們可能須善用**視覺心像**的輔助作用。視覺心像是一種具有意義特性的圖畫式記憶，不論你閉起或睜開眼睛，它就好像浮現在你的眼前一般。因此，先把圖畫解決模式在腦海裡演練幾遍，然後再把注意力轉換到抽象的符號上，似乎可以彌補直接演繹抽象的斷層，保留原本的「意義感」，進而達到成功轉換的目標，這樣的「意義感」理解模式，也可以幫助學習者記憶複雜的數學公式，例如，看見平方就要想到面積，看見除法就要想到分配，再透過數學公式的展開合併法

則，了解其中所要呈現的奧秘。

說到此，或許你已經發現，這種心像輔助法也可以運用在數學以外的學習上。例如，以圖畫意象來記憶詩句，達到「詩中有畫，畫中有詩」的境界。但是，利用視覺心像來促進學習，似乎只是一種可行的做法，學習者本身的動機、資質、年齡以及性格，很可能使得一些可行的方法喪失預期的效用。

貳 訊息處理取向原則

我們或許可以這樣想，人類的學習主要是一種訊息處理的模式，它包含了「邏輯」與「反饋」。主張這種取向的人們等於是強調，人類的學習接近於電腦運作的方式，甚至兩者可以直接加以類比。

這種教學取向很強調第一訊息。如果第一訊息正確了，那麼爾後的學習就很容易進行，只要跟隨邏輯即可。困難的是，學習者腦中的第一訊息是錯誤的，如果是這樣的話，就要花費時間與精力抹去這段訊息，就像是格式化電腦硬碟一樣。如果學習者沒有改正錯誤的第一訊息，往後的學習就會與先前的訊息產生衝突而產生當機現象。據此，如果你發現你的小孩一直在某些錯誤的觀念上面打轉，那麼你可以假定其問題出在錯誤的第一訊息。所以，你要往上探尋他的錯誤第一訊息，並幫助其建立正確的訊息。例如，在計算數學應用問題的時候，

很多小朋友只要一看見「減少」二字，就認定此問題要使用減法來求答案。這種錯誤的第一訊息，有可能來自於過多地練習類似的題目而沒有深入思考，或是某些題目的誤導，甚或是某位長輩或同儕的錯誤指導。因此，我們必須回溯其思想觀念與計算過程，甚至從頭指正先前所學，才能達到建立正確訊息的目標。

　　這類教學取向的擁護者認為，在教學的過程當中，學習者不斷接受教學訊息所給予的回饋，這種回饋幫助建立整個學習系統。例如，當學習者在習寫漢字的時候，他可能已經跟著教師的指導，練習過一次正確的筆劃。接著個人練習的時候，他可能對照著課本的筆劃自我練習一次。在教師批改的當下，他又接受了一次訊息回饋。因此，不斷的訊息回饋造就了學習者的漢字知識。閱讀到此，你可能已經發現，錯誤的訊息回饋也可能讓學習者產生錯誤的第一訊息。據此，鼓勵學習者探究真相的做法，有助於學習者建立健康的訊息資料庫。

　　這種回饋概念被許多電腦輔助學習軟體所採用。這類軟體的訊息回饋是立即的，不必等到教師批改，學習者就能得到反饋訊息。這類軟體，理論上，透過立即的正確訊息回饋，企圖避免學習者建立錯誤的第一訊息，這種優點很是吸引人。因此，在可見的未來，在小學生人手一部攜帶式電腦的時代，這類軟體很可能會形成一種必要。當這個時代來臨的時候，所有的教科書內容就會加入線上互動的訊息回饋概念，或乾脆就是一部電腦互動遊戲，然後放在學生的電腦裡。學生上學不需要帶教科書，只需要帶一部小型筆記型電腦。類似的概念也被應用於學校以外的學習，這表現在人手一部訊息接收器的現象

上。在現今科技發達的時代裡，只要是無線網路可以到達的地區，人人皆可以透過一部訊息接收器，實現無時無刻不在學習的理念。

但是我們必須認識，不論這種學習互動的呈現是如何地炫目，學習者花費時間在這些東西上之目的是要吸收內容，而非其聲光效果。使用電腦多媒體製作學習內容的製程可能需要以月計算（製作精美，學習經驗好），或以星期計算（製作一般，學習經驗平常），或以天計算（製作粗糙，很可能無助於學習）。很明顯的，我們可以知曉，內容品質很可能被犧牲以尋求表面的電腦互動效果。與其如此，還不如回歸內容豐富的紙本學習內容。

教師通常苦惱於學生無法於有限的上學時間裡，完整地改正錯誤的第一訊息，這種情形尤其發生在自我控制能力低落的學生身上。這類學生往往沒有充分地經歷「改正」的過程，因此累積了錯綜複雜的不正確知識與技能。如果在這個緊要關頭，又無法得到有效與長期的個別指導，那麼往後的學習經驗，將會充滿許多的不愉快而挫敗其學習動機。

叁　行為建立取向原則

　　此處我們又要談到「鴿仔」理論。放眼古今中外，此種理論確實被廣泛應用在各種領域，當然也包含教育界。事實上，這種道理常常被祖母拿來管教小孩子。因此，它的普遍別稱也叫作「姥姥法則」。換句話說，「先洗手才能吃飯」、「功課寫完才能出去玩」等等的概念，都是教師經常運用在教學活動當中的大道理。姥姥法則或許能夠培養孩子**延宕滿足**（延後滿足慾望）的能力。有研究者的報告[註二]暗示，強悍的延宕滿足能力，傾向於使孩子遠離犯罪誘惑，並且擁有較高的學習成就。

　　在教學的歷程裡，這種原則可以促進學生在有限的時間裡完成一定份量的學習。但是，我們必須注意，過多的學習份量卻會造成學習者形成**無助感**。這就像是老鼠走迷宮，不管怎麼走都走不出去就乾脆不走了，無論你怎麼加以電擊都無動於衷。以學習過程而言，如果學習者一直被不斷地給與作業，而這些作業總是沒辦法在有限的時間內完成，即使「完成作業就可以下課」是一項誘惑，學習者到頭來卻很可能「寧願不下課」也不想完成這似乎永無止境的功課。

　　這種無助感的形成現象，最容易發生在學習落後的學生身上。對他們而言，這無疑是雪上加霜。一方面，功課已經落後其他學生許多，心裡面的沉重感已經讓人感到不知所措；

另一方面，無助感的侵襲又好像是被打了一針麻醉劑，無法動彈以進行學習活動；再者，預期的喘息機會似乎又被永無止境的延後，這三種情形使得這些落後的學生心裡又增添了一份壓抑。

如果我們反向操作，就可以幫助這些學生。例如，減少在一定時間內需要完成的學習份量。設定一個他們可以在預期範圍內達成的目標。完成目標之後，讓他們得到應有的東西（例如，充足的下課時間）。漸漸地，他們會經歷**逐步減低敏感度**的過程，這種過程會使他們漸漸蛻去對於學習的無助感，釋放慢性壓抑。這就像是我們要克服開車上路的恐懼一般，先從安全少車的路段練習起，建立信心與熟練感之後，就可以練習上高速公路。或是，有些人看見活生生的雞就會害怕，這個時候，我們先讓他們練習注視關在籠子裡面的雞，等到害怕的敏感度降低之後，就進一步讓他們戴上手套觸摸籠子裡的雞，這樣一步步經歷逐步減敏的程序之後，最終達成與雞共舞的目標。

還有另一種行為建立程序經常使用的方法，那就是獎賞與懲罰。獎懲的效果是立即的，但也不穩定，對某些人也有可能不產生任何作用。醫學界運用這種原則試圖幫助菸癮患者，後來發現再犯率是個很大的問題。我們應該理解，**單純懲罰**（沒有關懷成分，缺乏道德感化與長期教育特性的懲罰）之效果是立即的，但是不保證長久有效，濫罰也非常可能帶來不受歡迎的副作用；相反的，獎賞的效果卻很可能持續下去，但是運用不當也有其反效果。

一位原本就對學習很有興趣的孩子，可能會因為中途的

獎賞而被**制約**，爾後一旦失去獎賞的誘因，就會導致不學習的現象。例如，一位原本很喜歡數學的孩子，不求任何回報地計算數學題目並且樂在其中，假設學校規定數學考九十五分就有獎賞，那麼這位孩子所得到的訊息可能有三種：一是他雖然很喜歡數學，但是考試分數達不到九十五分，得不到獎賞的結果使他漸漸遠離了數學；二是他每次都能夠達到得獎的標準，漸漸地，他只對能夠得到獎賞的數學試卷有興趣，卻放棄了廣大的數學世界；三是學校的規定不可能長久這樣下去，也許實施了一學年之後，經費有限而中斷獎賞，失去了誘因就等於失去了外在動機，而原本的內在動機很可能已經因為長久不被使用而消失。這些是我們很不樂於見到的結果，因為要讓孩子喜歡學習，有時候是非常不容易的事。

天生喜好學習的靈魂，很可能在上學之前就已經被環境所設限，所剩下的小小火苗千萬不要因為「上學」而被撲滅。如果上學活動反而讓學習者失去了學習動機，那麼付出的代價就太高了。有鑑於此，大人對待孩子的學習動機要像是對待自己的黃金存摺那樣地呵護。粗糙的手段很可能扼殺一位資優兒童，或者為社會培養一個毒瘤。相反的，濫用獎賞很可能會使得兒童是非不分、不懂規矩、不知進取或功利主義取向，進而危害兒童本身所具有的優質性向。

當然，我們不要忘了，有一群人始終不贊同在校園內實施獎懲機制。這就像是某種素食主義者，他們只食用樹上掉下來的果子充飢；或是某種教派，強調人從一出生至死亡，只有「善」性的存在；甚或是某位哲學家，認為監獄系統是社會暴力的極致表現。這種聲音雖然主要並不是源自於教育現場，但

「很可能」有其不可被忽略的價值。

第二節　關於教學原則的警示

　　不論你是一位國小四年級小朋友的家長，或者是一班學生的教師，你很可能必須每天使用以上所介紹的教學原則來促進孩子的學習。在你與孩子之間的教學互動中，你會發現，以上所提及的原則會在一段教學歷程裡同時出現、先後出現、以及重複出現。

　　不管出現哪一種教學原則，你都必須提醒自己，你所教導的是一個孩子，或是一位對眼前的知識與技巧缺乏精熟能力的學習者。既然是一位走路尚未穩妥的孩子，就一定會跌倒，這是必經的學習歷程。當然，有的孩子跌倒一次就學會走路，有的孩子需要跌倒好幾次才行，不管是一次或是好幾次，都是嘗試錯誤的偉大時刻。透過跌倒—爬起這種**嘗試錯誤**的過程，孩子的生存能力得以被錘鍊。

　　因此，請你務必允許你的孩子在學習各種科目方面有嘗試錯誤的機會（當然，我們不必以身試法）。在學習語文方面，請允許你的孩子有天馬行空的機會，把幼稚的想法寫在造句內容或作文內容裡，並不會因此降低其智力，而是，你應該慢慢加以引導，幫助其建立屬於個人的學習能力，切忌求好心切而使其有模仿與抄襲的心態。請記住，**硬逼著孩子假裝了解**

不懂的東西不但沒有益處，反而灌輸了他錯誤的第一訊息。在數理方面，請把計算過程視同如答案一樣的重要，給予充裕的時間用心計算少數題目，比在有限時間裡完成大量的計算來得效果卓越。如果你疏於讓孩子經歷這些嘗試錯誤的過程，你將會在不久的將來發現孩子變得學習遲緩，頭腦僵化不靈活。這種因為教學偏誤所造成的學習代價，是否過高了呢？

　　另外，我們尚須注意，如果學習者在學習過程中缺少了專注，那麼不論是哪一種教學原則，在一位缺少專注力的學習者身上，這些原則都變得不具效力，這不僅僅是源自於我多年來的教學觀察，也是古籍《三字經》所提及的重點（教之道，貴以專）。如果孩子的腦袋想著是電腦遊戲，強迫其背誦英文單字僅僅是浪費時間。在這種情況之下，必須想辦法先平衡其想要打遊戲的心情。讀書和遊戲時間的妥善安排，可以幫助學習者培養專注力。只要讀書時間一到，慣性驅使學習者能夠專注於學習，而把遊戲時間安排在學習效率不高的時段，來紓解學習的壓力是最恰當不過的了。除此之外，我們還可以訓練學生使用**手指線索**（把手指視為眼睛閱讀注視的引導指標），藉以提升閱讀專注力以及閱讀速度，進而提升閱讀理解力。我們必須看清一件事實，那就是學習效率永遠是要擺在優先被考量的位置。專注力不足是學習效率低落的主要影響因子，而延長學習時間很可能只增加了疲勞感，並且得不到想要的學習效果。

　　在我的教書生涯裡，經常發現許多在學習上病入膏肓的學生。雖然他們並沒有智力障礙的問題，但是他們的學習表現確實會讓老師認為，眼前的學生需要特殊教育。有些時候，他

們連基本的字體習寫都有困難，或者根本上對於數學規則缺乏任何的「感覺」。我發現他們大部分都是在本章所介紹的三大教學原則上出了差錯。

我想要用「不教而戰謂之虐」來形容這些學生的處境，因為有些孩子的學習適應力較為緩慢，而問題的肇始（不考慮其他因素），可能在於他們還沒來得及學會第一件事時，就被迫跟著學習第二件事。於是，他們沒有經歷過完整且適當的大腦認知過程，也不知道如何促使自己經歷這樣的過程，他們腦中也因此充滿了錯誤的第一訊息，這很可能導致他們擁有不愉快的學校生活，摧毀了他們的學習動機，如果這時候父母又無法付出關心，老師也忙於其他學生的問題，這些孩子可能就永遠地被埋沒了。

各位須注意，這是一種慢性發展的結果。也許孩子在上小學之前就有這方面的問題，而小學期間又沒有得到解決，這樣的錯誤很可能一直延續下去。既然是慢性問題，越早改善越好。如果你發現孩子有學習遲緩的困擾，我想要在此提供兩大藥方以供參考，它們是（1）減輕壓力與（2）個別指導。但是，請你要有長期抗戰的心理準備，因為效果也許在一年或二年以後才會漸漸出現，所以身為家長的你，很可能必須勇於跳出一般的上學模式（關於孩子的課程、教學與評量）。當然，先決條件是當事者必須具有至少是那麼一點點的學習動機，沒有不可忽略的情緒或心理方面的困擾。

註一：可參考Hermann Ebbinghaus（1850-1909）
在記憶力方面所做的研究。

註二：例如，Walter Mischel所做之非常著名的
marshmallow實驗。

下午茶時間

茶點 1

如果你要記憶一百個英文單字，你會怎麼做，預期耗費
的時間大概有多長？

茶點 2

想想你小時候學習的情形（包含洗澡），你是否有被給
予嘗試錯誤的機會呢？對你將來的發展有著什麼樣的影響？

茶點 3

學習與遊戲兩者之間是有衝突性的嗎？為什麼？

茶點 **4**
　你是否可以運用本章所介紹的教學原則來改進自己的讀書效率？開發自己的學習潛能？

茶點 **5**
　當你怎麼都找不著車鑰時，很可能是什麼原因？
　（　① 缺少專注力　② 放的位置與往常不同
　　　③ 以上皆是　）。

茶點 **6**
　你認為綁住貓尾是否可以讓它從彎變直？

茶點 **7**
　訓獸師最常運用何種教學原則？

第六章
五大教學方法

「小鳥飛過河，小魚游過河，人類操舟過河。」

在明瞭了教學過程可能經歷的原則之後，現在讓我們來探討一些教學方法。這些教學方法是一種模式，如果能夠加入有利於學習動機的元素會更好。教學原則與教學方法兩者主要不同之處，在於後者的有效性端賴前者的靈活運用。我們可以這樣說，教學原則是各種教學方法的靈魂。據此，在運用此處所探討或他處得來的教學方法時，別忘了時刻緊抓在上一章裡所討論的原則。兩者的配合，期望使教學偏誤發生的機率降至最低，進而提高學習者的上學回報。

第一節　合作教學法

　　有一句這樣的俗諺：「三個臭皮匠，勝過一位諸葛亮。」讓我們暫且以這種概念來理解什麼是合作教學法。在應用此教學法的課堂裡，你將會看見全班的學習者被隨機分成幾個小組，每個小組大約是三至五個人，小組裡的每位成員都被加以編號。

　　在進行合作教學法的教學活動時，教師先對全班進行扼要的講解，需要的話，甚至會至各組巡視每位成員的學習狀況，進行個別的指導。此階段完成之後，教師可以對每一組配發一個學習問題，整組的學習者在指定的時間內要努力解答此問題，解答此問題所需要的技巧或規則，已經在之前的講解階段被說明。最後，教師隨機抽號碼，每組被抽到的成員，上台把問題解答用口頭報告或書寫在黑板上的方式表達出來。

　　學習問題還可以事先製作成卡片，教師抽號碼，讓每一組被選中的成員上台抽一張卡片（代表一個問題），成員回到小組之後，開始進行整組合作，每個人發揮其智慧，提供優良或正確的解答。然後，帶問題回去的那位成員，再次上台發表其所屬小組的努力成果。

　　讓小組成員上台表現，對於提高學習動機非常有效，它巧妙應用了外在的刺激來增進學生的主動學習意願。但是我們必須注意，使用不當不但不會產生積極的效果，還可能挫敗了學生的自信心。讓我們參看以下的實例：

小梅是一位來自於低社經背景（或說弱勢家庭）的國小三年級生，由於缺乏雙親照顧，她常常上學遲到。語文以及數學的課業表現並不是十分理想，但是有很大的進步空間，因為她並沒有智力或情緒障礙的原生問題。一如往常，老師使用合作教學法進行數學教學。今天的課程是初級分數，老師先在黑板講解必要的觀念與操作，接下來是每位學生進行練習題的解答。在學生絞盡腦汁動手解答練習題的時候，老師疏於下去個別指導每一位學生的狀況。很不巧的，小梅並不會做這些練習題。當她被抽上台發表答案時，腦中一片空白，當場淚灑講台。

　　為了避免粗率的做法導致不受歡迎的結果，每當執行此教學法時須注意（1）課程特性是否需要教師進行個別指導，（2）確保每一組裡的成員都能參與整組的合作活動，以及（3）各小組成員的能力有高有低，形成一種隨機性的公平，沒有哪一組的能力是特別突出的。以課程特性而言，數學技巧很可能需要教師在課堂中進行個別指導。如果是公民課，那麼教師只需要拋出議題，讓學生們分組自由討論即可。

　　另外，在進行小組學習時，很可能會有少數人不參與討論，或者有可能待解決的問題難度過高，使得程度差的學生無法在合作當中提供一己之力，這個時候就需要教師介入，敦促每個人都要進行小組的學習活動。有些時候，小組會出現一兩位強人，這些學生很可能把整組的工作攬在自個兒身上，或者自私地不讓其他成員參與，造成其他小組成員只有旁觀的份

兒，對於這種情況，教師必須適度地干預，以免其他小組成員
的學習機會被剝奪。

　　合作教學法之目的，在於使每一位學習者，都能積極參
與學習活動。透過預期被抽中上台表現的心理，教師能夠很成
功地促使小組的學習氣氛散布至每一位小組成員身上。因此，
隨機性地請學習者上台發表是不可或缺的要素。除此之外，透
過合作活動，小組裡的每一位成員都能達成共識，免除了程度
較差的學生上台發表的恐懼。甚而，成員之間透過彼此觀摩而
達到了學習的積極目的。最後，教師帶領全班對每個小組的成
果進行討論，說明對錯，提醒全班學生進行改進，如果少了這
項收尾程序，學生很可能在心中留下「問號」，這是我們應當
注意的。

第二節　共享集思法

　　現今，教育與企業界，流行一種小組成員坐在一起，共
享集思的學習法。此法乍聽之下很像是合作教學法。事實上，
兩者的確很相像。但是，有兩點是不一樣的：（１）前者的全
部學習人數最好不要過多，並且只分成一組，以及（２）教師
在前者的角色更不像是指導者，而是擔任小組對話的催化劑，
事實上，教師也是屬於共享集思小組的成員之一。理論上，此
法之所以有效的要點之一，就是教師完全褪去指導者的角色。
此方法的擁護者認為，淡化了上對下的指導關係，學習者能充

分發揮其潛能（請參考social constructivism此學派的主張）。

　　那麼教師在這類小組裡，扮演的催化角色又怎麼說呢？首先，我們必須認識，此類型小組的學習主要是透過不斷地「對話」而達成的。這種小組成員之間的**平等**對話，使對話者與旁聽者碰觸到「智慧」的機率大增。當然，第一件事情就是要促使對話的發生，而教師就是那位在旁邊促使對話發生的人。

　　為了讓小組成員都能充分地對話以發掘自己的盲點，課堂的干擾因素須降至最低。因此，燭光聚會的形式是個可能不錯的選擇（但非必須）。這需要在一間能充分黑暗的教室進行，大家圍坐成一個圓圈，一旁擺上蠟燭。進行的方式有很多種，例如教師丟出一個主題，隨機請某一位成員說出對於這個主題的看法，然後，針對這一位成員的說法，大家可自由相互提問，這種模式輪流發生在每一位成員身上。起初，對話可能只發生在某兩位成員身上，隨著氣氛的熱絡，成員之間的自發性共享對話會越來越多（運用反問技術），這時，**交叉式的對話**就會出現，整組的學習會被深化。當交叉式的對話趨近成熟的時候，換句話說，在場成員的參與程度逐漸加深的時候，**熱點**就很可能會出現在圍坐圈的中央。

　　什麼是熱點呢？當小組成員不斷透過交叉平等對話，企圖澄清對方的意念時，整個小組正在逐漸接近一個討論的「點」，這個點永遠也不會真正來到，但是在它之前卻會帶給小組成員或多或少的「共享知識」。因此，熱點的概念是非常抽象的，它可以說是一種哲學思考，或是學習發生的地方，或是智慧的火花。

當然，也是會發生冷場的時刻。這時，身為成員之一的教師，可適時請其他成員加入對話，從頭至尾，教師只是旁邊的搧風點火者。或者，讓我們想像，小組成員圍坐在小池邊，而教師只是適時往池面丟入石子，掀起一片漣漪。現在，讓我們結合以上的討論，參看以下(表6-1)我在美國參與此學習模式的簡短範例，在此範例裡，全班含教授共六人，討論的主題為「偏見」。

表6-1　共享集思法範例

教授：今天我們要來討論洋子對於偏見的看法，請洋子發言。	
洋子：當我們在與人對話的時候，偏見就已經存在。	
麥克：我不是很了解，能否請你再解釋清楚點？	（反問技術）
洋子：比如說，當你在跟我說話的時候，你能保證你對我不帶有任何的偏見嗎？	
露絲：洋子，你是說麥克不知道自己在與你對話時已經帶有了偏見，是這個意思嗎？	（反問技術）
洋子：因為我們常常不知道自己只是在反應，行動並沒有出現。	
露絲：能否說得更明白點？	（反問技術）
洋子：例如，你只是說出你的反應，只要是反應就存在個人的偏見。行動並不是源自於一種反作用，而是源自於真誠。當行動與反應之間沒有距離時，就沒有所謂的偏見。	
麥克：沉思中！	
凱倫：我想，洋子的意思是，當麥克與洋子對話時，反應在先，因此偏見得以存在。	
洋子：是這個意思。	
露絲：我大概能夠理解。 （靜默中！）	（熱點在此處成熟）
教授：桃樂，你有什麼說法嗎？	（炒熱討論）
桃樂：我想⋯⋯。	（交叉式對話在此處達到全面性）

從表6-1的範例當中，我們發現，共享集思法能夠深入討論主題，使得每位成員都能經歷深層的學習，發現平常沒有覺察到的盲點。例如我們的範例，原本的討論主題是「偏見」，最後卻衍生對於「行動與反應」的探討，這種發現新大陸的現象是共享集思法的特點。所以也有人說，共享集思法是「洋蔥式」的學習，一層剝完又一層。

　　另外，我們還須注意**反問技術**的使用。反問技術並不是質問，它的主要目標是**澄清**對方所要表達的意思，而不是透過質問來獲取自己想要的答案。這兩者（反問與質問）的差別很大，前者是尊重，另一種卻帶有火藥味。試想，如果企業老闆使用帶有火藥味的語氣，詢問員工工作的難處，那麼他一定得不到真確的答案。

　　共享集思法的應用範圍很廣，不單只適用於教育界而已。在小組成員熟悉了這種對話方式之後，討論的議題就可以擴大至任何領域。例如，企業為了挽救財務危機，確實找出問題所在，避免員工礙於身份而不敢吐露真情，就可以進行共享集思法。透過交叉對話的方式，企業高層能夠獲取更多的資訊進行內部的改革，進而解決當前所面臨的重大問題。

第三節 文學探究法

當學習者擁有了許多溝通的基本技能（例如，字彙）之後，他們必須跨越一道不算簡單的障礙，才能繼續精進其溝通表達的高層次能力。這種語文方面的高層次能力涉及了寫作能力。此處，讓我們一起來探討一種能夠讓學習者掌握寫作的方法。這種方法不同於其他方法的特點為其「由內而外」的過程。

此法嚴格地說，並不是學習表面的寫作格式，而是深入語文基本技能之下的潛層東西，進行自我的探究。換句話說，學習者透過對自我的剖析，得到了基本的寫作能力，也把寫作融入了自我。有了這層體驗，個人的語文學習就不只是停留在表面的模仿階段，而可以說是源自於本身的創作了。

要能深入探究自我，最好的方法之一就是從寫自傳做起。透過**自傳**的描述，反思被觸動。或者，透過描述一件個人生命的**關鍵事件**（對自己有著重大影響力的事情），個體能夠更了解自己，字裡行間就能夠被賦予感情。這種方法很適合作文課，因為可以培養寫作時的手感，克服了靈感不足的困境。

由於此法著重自我的探究，我們期待學習者的行動與反應之間是沒有間隙的。也就是說，我們希望，學習者所吐露的每一個字句，都是發自內心並且是毫無矯飾的；學習者所寫下的每一篇段落，皆為其主觀意念的真實存在。換句話說，當行動與反應合而為一時，我們看見了自我的真實性；當行動就

是反應時，意識變得更為細膩；當反應不再只是行動的附屬物時，所有的偏見都被燃燒殆盡，留下的只有強烈的感受。

據此，修辭技巧與段落審題並不是此法所強調的學習內涵。相反的，坦白誠實地寫下自己的感受與想法才是重點，就算是自我的偏見，也是被鼓勵成為文章的內容。透過探索自我的過程，觸發與磨練寫作能力，是有趣且充滿動力的。為了體現這種方法的穿透力，學習者的第一個作文題目通常是「我是誰？」。

教師也能運用此法進行閱讀與字彙的教學。首先，依據學生程度選擇適合的閱讀書籍，這裡所謂適合的書籍是從字數下去斟酌的。程度越低的學生就越適合字數較少的閱讀書籍。接著，教師挑出一些學生必須學會的字彙，讓學生熟悉這些字詞。然後，給學生閱讀整篇文章的機會(閱讀或聆聽)。最後，請他們隨意寫下或說出一些閱讀心得（重要的是自己的看法）。

此外，我們必須注意，文學探究法強調的是一種挖掘探索的過程。讓我們這樣來理解，如果學習是有靈魂的，它的目標就是要學習者發現學習的靈魂。它更像是一種禪宗，透過某種修持，達到更高層次的境界，如同有的人透過練習毛筆字而求得內心的平靜一樣，而此處我們透過寫作經歷類似的過程。因此，別被「文學」兩字給迷惑了。雖然它被稱為文學探究法，但是它大可以被合法應用在文學以外的課程上。

第四節　　建構教學法

　　如果你傾向於把學習類比於親身參與建築房子的過程，那麼你很適合與你的學生或孩子進行建構主義學習法。此法強調學習者（1）自己有能力形成認識周遭世界的模式，以及（2）坐而言不如起而行的學習經驗。這種方法普遍被運用在科學領域的課程，當然也包括了科學之母—數學。由於傳統漢字的圖畫性結構特徵，使得漢字教學也可以是建構式的，這暗示我們，適合的學習內容造就了建構教學的合法性。

　　這種方法的要點之一，乃是運用高層次思考能力進行學習元素的組合。它需要耗費時間在學生的「理解過程」上。例如，以自然科學課程而言，教師會把準備好的材料發給學生，然後拋出一個動手做的問題，讓學生想辦法用眼前的材料，解決這個問題。

　　在學生動手做的過程當中，教師可以適時地引導、幫助學生克服困難，進而達到教學目標。這種動手做的過程就是建構知識的過程。它需要集中注意力，運用高層次的思考能力，使用許多方面的基本技能。據此，基本技能（例如，數學計算、字彙書寫）不足的成績低落者，有可能無法從這種教學法當中達到預期的目標。很明顯的，這是非常耗時與耗神的教學過程。所以，往往一節課下來，只傳遞了少數課程內容給那些（1）認真學習且（2）程度還算不錯的學生。（解放派傾向於詮釋像是字彙書寫、數學基本計算這種能力，並不確實屬於

高層次思考能力。但是也有許多保守派人士認為，不具備這些所謂的基本技能當作背景，怎能觸發所謂的高層次思考能力呢？）

建構教學法也經常應用合作教學法的分組學習模式。這是有原因的：（1）小組合力解決一個問題減輕了個別的學習壓力，以及（2）有限的教學資源（以套裝教材而言，全班可能只配得四組材料，如果是非套裝教材，教師通常會讓小組成員分擔學習資源）。此處我們必須注意，既然涉及了合作教學的特點，就要避免實施合作教學時的缺點。例如，不要讓小組裡的資優學生總攬所有的作業。

當然，建構教學法不一定要使用分組合作學習的模式。它也可以是個別式的，例如數學教學。這種方法，企圖幫助學生克服從實體計算轉換至抽象計算的困難。因此，這類的計算過程是盡量包含了實體計算時的意義，所以它或許可以說是一種過渡形式的計算，最終是要讓學生建構那種難以理解的抽象知識。

例如，有一個數學問題是把六十元分給五個人，每人得幾元？我們可以十元一數，每人先分十元，再分兩元。這種方法加入了實體操作的概念，使得抽象的公式變得容易理解。另一種做法完全是以九九乘法的概念下去運算，規則很嚴謹。建構式數學著重讓學習者理解，這是它的主要目的，但是我們也不敢說是否這種教學法比起其他教學法培育了更多的數學家。傳統式數學著重基本技能的錘鍊（例如，熟背九九乘法與熟悉除法規則），但是我們也不能斷言計算迅速就代表數學能力強。

建構式數學曾經在台灣的教育改革潮流當中引領風騷了數年。在那個年代裡，你幾乎在所有的套裝教材裡只能看見建構式數學，傳統式數學似乎是被莫名地定了罪狀。但是我們必須了解，建構之目的是要幫助學習者理解抽象的知識，最終還是要在腦中建立這種非實體化的邏輯概念，沒有這層認識，就會模糊化建構的主要目的。在當時的台灣教改潮流中，為大多數學校所採用的套裝教科書就缺乏這種認知。除此之外，絕大多數的教師又是第一次接觸這種建構數學，他們有可能不甚了解，建構數學最終是要幫助學生邁向抽象的高層次領域。

　　另外，當時確實發生許多很奇怪的現象。例如，學生／老師使用傳統數學的方法作答／教學是不被允許且被視為落伍的。或者，學生使用不同於教科書所呈現的建構範例是犯規的（雖然學生自己的建構方式確實也計算出了正確答案）。這些諸多因素使得建構數學的美意消失，也導致當時學習建構式數學的學生，在往後更複雜的數學計算上產生困擾，這反而讓建構式數學背上了莫須有的罪名。

　　上例讓我們警覺一件事實：**保守的課程心態（一言堂）導致課程偏誤，課程偏誤又造成教學偏誤（教師被迫或保守行事）**，課程偏誤與教學偏誤之間的交互作用，使得學生上學無所得之外，還要再付出無謂的代價。（同樣的情形也發生在英語教學的自然發音課程，完全取代了音標發音課程的現象上。）

第五節　演講式教學

　　教學方法可說是千變萬化，雖然在這個世界上，存在許多不同的教學法，然而似乎最容易被採用的還是演講教學法。演講式教學可說是直接教學法的代表，因為它需要教師涉入較多的「直接指導」。然而，隨著時代的演進，同樣的演講式教學在各個不同時代所呈現的方式是有所差異的。事實上，不管是在工業時代，使用黑板來呈現教學內容，或是在資訊時代，採用最新的電腦科技來進行教學內容的傳達，其直接指導的根本原則還是處於核心角色。

　　在演講式教學的課堂裡，你會發現，教師的角色很重要，有時候，你甚至會非常欽佩這位教師的表演風格，因為教室裡每一位學生的心，似乎都是跟隨著老師的節奏在起伏。有一位大學教授甚至在課堂上倒吊，藉此讓學生了解某種物理現象。說得誇張一點，如果班級裡少了這位教師的存在，那麼全部的學生很可能都不知道要怎麼進行學習了。

　　在資訊器材豐富的今天，教師能夠節省許多書寫黑板的力氣，並且把一些教學互動的元素更簡易地融入自己的教學活動當中。在現今的課堂上，你很可能會看見教師使用電腦投影機介紹教學內容，使用電腦軟體製作投影片呈現一些東西。如果你強烈地感受到教師採用這些手段的目標，是企圖把學生帶往某個方向，具有**強烈的指導性**，那麼你可以合法地認為，這種教學方式與共享集思法是截然不同的。

　　如果我們的目標是要學生在短時間內，儘可能地汲取各

種不同的考題知識，那麼具有強烈指導性質的直接演講教學，似乎是比讓學生進行小組討論更具有效率。但是，真正的效果來自於那些聽得進去老師在教什麼，以及回家有氣力複習的學生。可是，也別忘了，考題永遠可以被刻意變化。

第六節　注意事項

當教導者在使用任何教學法的時候，通常會犯下一項錯誤。那就是，似乎忘記眼前學習者的程度是不同於所期待的。換句話說，如果學習者是國小學生，教師常常會期待其學習成果如同大人一樣地好。如果學習者沒有這種高水準的表現，就代表他是不認真的，或者是練習不夠的結果，似乎忘記了眼前的學習者只是一位孩童，這完全是一種主觀的想法。（雖然，的確有少數神童有超乎水準的表現。）這種思考通常會挫折學習者，因為他感受到自己「永遠」也沒有辦法符合老師的期待，而老師也潛意識地陷入這種迷思，使得教學過程充滿壓力。有鑑於此，我們不要忽略了以下這一句話：「**從學生角度出發的教學，才能避免讓學生浪費了上課的時間。**」

另外，教師也要避免過度偏頗地使用演講式教學。發生有效學習的可能條件有眼睛注視、心智專注、動手做以及開口說。因此，教師漫天地演講很可能無法導致有效的學習，反而會是一種浪費時間的教學，因為學習者很可能會因為聽不下去而產生眼睛不注視（打瞌睡）、心智不專注（做別的事情）、

懶得動手做（不想反應）以及不開口（不想回應）的狀況。除此之外，把整堂課的時間花在個人的演講上，疏於巡堂指導，還會錯失導正學生學習錯誤的寶貴契機。須知，洋洋灑灑、口沫橫飛的教學活動設計，有時甚至不如學生自我練習來得有效，例如漢字書寫教學。

有時候，教師會比較注重教學時的規則。換句話說，如果你採用了某種教學法，你就必須遵循某些規則，彷彿這些規則是神聖不可侵犯的。當然，把教學看成是一件神聖的事情，或一項嚴謹的科學研究，並無可議之處。但是，一成不變的結果也有可能導致僵化的教學過程。或者，教師傾向於著重教學的功能，例如使用合作教學法的合作學習功能，可是遺忘學習者所具有的個別差異，卻是一大錯誤。再者，有的教師很強調學生必須使用某種技巧，或是本身崇拜某種教學方式，這就犯了**過度演繹**教學理論的弊病。例如，計算數學問題時的所謂獨門技法，某種記憶英文字彙的秘訣，使用看圖作文教學法就是王道，或一定要以表格化的方式來理解文章內容。那麼我們必須這樣質問：「剝奪學生的自由學習空間，是否也是一種走火入魔的現象呢？」

我想要再用一小段的空間，來說明「過渡演繹教育理論」幕後所可能隱藏的險惡陰謀。我們應該知道，任何教育學說或理論的應用，都是有其限制性的。對於每一項研究結果而言（不論質化或是量化研究），都有其正反兩面的可能論述。然而，有心人士往往只誇大宣傳有利於自己的說法，並以「研究」的名義，對一般社會大眾進行洗腦的工作，為自己創造市場。這種「推銷員策略」，在教育界並非不常見。

學習者的情緒也是不能夠忽略的。我常常發現學習有障礙的小孩，通常都伴隨著情緒上的問題。如果學習著的心理與生理需求被長期性地忽略，那麼要他能夠專注於學習活動，就如同是強迫其吞嚥令人作嘔的食物，非但沒有正面意義，還可能造成反效果。這種現象使得任何的教學原則與方法變得無效。

最後，我想要強調，學習（在本質上）比較像是一個漫長的過程，除非人喪失了追求成長的慾望。有些人也許走得快一點，但是烏龜雖然走得很慢，卻也是最長壽持久的。走捷徑的同時，相對的也失去了欣賞美好風景的機會。**「不要讓你的小孩輸在起跑點」是這麼地耳熟能詳，但是請你想一想「輸在終點」的後果**。我們常常在市面上看見許多諸如「魔法學習七十二妙招」、「三分鐘學會英語會話」、「兩天征服數學測驗」、「超越作文一百分」等等有關教學的書籍或影碟。如果這些東西只引起了你「走捷徑」的興趣，那麼你很可能偷雞不著蝕把米。

下午茶時間

茶點 ❶
你覺得以上所介紹或你所熟知的教學法當中，哪些適用於解放派？哪些適用於保守派？或是兩者皆可？為什麼？

茶點 **2**

如果你是一位學生，你希望老師運用何種教學法？

茶點 **3**

如果你是一位教師，你覺得哪種教學法最有效？在教學過程當中要克服哪些障礙？

茶點 **4**

如果你是一位家長，你希望老師運用何種教學法來教導你的孩子？

茶點 **5**

你覺得哪一派（解放派或保守派）的教學法，比較強調培養學生的高層次思考能力？高層次思考能力是否需要基本技能的支持？你個人覺得高層次思考能力是什麼？請舉例。

茶點 **6**

「禪」有助於學習嗎？它是否能融入教學法並在學校裡普遍實施，達到某種教育哲學觀？

茶點 **7**

課程與教學的「一言堂」現象很可能導因於下列何者？

（　①政治因素　②利益因素　③專業因素
　　④以上皆是　）。

第七章
因材施教

「羊皮披在狼身上？嗯！這確實缺少了一種美感。」

如果你是位腎結石患者，你很可能被建議，養成清淡多蔬果的飲食習慣，以避免病情加重與降低再發率，這是疾病與飲食之間的搭配。當你走入醫院看病時，你可能會想要找位能傾聽你症狀的醫師，這是醫病關係的搭配，好的醫病關係能降低彼此之間溝通不良的機率，進而避免醫療糾紛。同樣的，教師與學生之間也存在著類似的關係，我們姑且稱之為教與學的搭配關係。良好的教-學搭配關係，意味著學生的個別差異被注意到了。相反的，不良的搭配，很可能使學生付出不必要的高昂代價。**學習者應該探索適合自己的學習模式**，模仿得來的方法有可能會傷害了自己。在本章裡，我們將要來討論幾種教與學的搭配關係。

第一節　學習代償傾向

　　佛家說，凡夫俗子以眼、耳、鼻、舌、身、意，接受這大千世界所給予的訊息，師父會依據徒弟接受訊息的習性而教導不同的修行方法，而修行的高層次境界就是能夠藉由這些方便法門達成「悟道」。在教育或心理領域方面也有類似的說法註一。有些人主張，每個人都具有不同的**學習代償傾向**（例如，視覺學習傾向），個人透過某方面的代償能力，發展獨有的學習方式，藉以彌補環境或非環境因素的不足，這類似於眼瞎的人，其聽覺會特別的發達。透過適合個人學習代償傾向的方法進行學習，更能達到令人歡迎的學習效果。當我們把自己歸類為某種學習代償傾向時，這意味著自己傾向於某種學習方式，這並不是說自己只使用一種方式去學習，因為每個人在學習過程當中，或多或少皆會涉及多種學習方式，這種說法僅僅是把使用頻率最高的學習傾向當作代表。

　　在討論了學習代償傾向型之後，很多人會有一種想法，那就是把這種理念普遍實行於校園當中，預期（1）學生的學習困難會因此而得以降低，（2）學生的學業成績得以提升，以及（3）師生關係會因為教與學的「符合」而顯得更加融洽。讓我們繼續以下的討論，探討以上三點的說法是否具有商榷的地方。

　　如果校園要普遍實施這種方法，那麼首先，我們必須知道每位學生的學習代償傾向類型，我們可以透過施測學習代

償傾向型量表的測驗來獲取這類資訊。但是我們必須知道，每一種量表都必須通過信度與效度的考驗，否則所測得的結果很可能是不具有代表性的。你必須從施測對象上搜集信度資料，如果數值接近1.00，那麼結果不具有代表性的機率不高，如果不到1.00的一半，那麼我們可以說，結果的可信度非常令人懷疑。

假設是使用不可靠的量表結果來推動此一計畫，很可能有許多學生的學習代償傾向型會被誤植，這樣的話，學生的學習困難不但不會降低，還很有可能增加，那麼學業成績就不大可能攀升，連帶的師生關係很可能會因此而更加緊張。據此，如果有某校對你推銷，他們的學校是如何地棒，因為他們使用學習代償傾向型概念來增進學生的學習效能，並舉出許多令人眼花撩亂的教學模式，請你先冷靜地問對方一個合法的問題：「你從何得知每位學生的學習代償傾向型？」，再來，你可以親自進行問卷調查或施測，看看是否真有其宣稱的教學效果！

另外，要讓一位教師分別適應全班二十幾位學生的學習代償傾向，似乎是緣木求魚。當然，如果全班只有五位學生就另當別論。因此，在全班只有少數不到五位的特殊教育班級裡，似乎很適合採用此學說。在人口眾多的亞洲城市，學校班級人數往往不會低於二十五位，為了兼顧**教師效能**（教師能夠專注於教學）與學生學習效率，比較好的做法可能是教師兼容各種不同學習代償傾向型的有效教學活動，在課堂上針對全班學習者靈活運用，這種調酒式的教學活動，似乎能夠最小化教學偏誤的機率，因為，請回憶我們稍早的討論，此說法只是指出一個人最常使用的學習傾向，並不是暗示其他的學習力是毫

無作用或不能被開發的。

第二節　　多向潛能

　　絕大多數的讀者在小時候都被施測過智力測驗，這種傳統的智力測驗主要著重於語言與邏輯推理能力。漸漸地，有越來越多的人對這種測驗提出質疑，認為它過於狹隘，測得的分數所能代表的範圍無法充分解釋一個人的智力。於是，挾帶著對傳統單一智力詮釋的反動，一股**多向潛能**的說法註二就興起了。

　　這類說法認為，芸芸眾生主要可以被歸類為不只一種類型的潛能傾向，請注意，這僅僅意味著某人可能在某方面有著比其他人更強的潛在能力。潛在能力可能是刻意培養出來的，當然也可以是天生的，如果你從小就在台灣接受教育，或許你在台灣的數學能力與其他同學相比之下並不是很好，但是你到了美國之後，很可能你的數學能力變成了你的優勢潛在能力，因為美國學生的數學平均成績是落後許多地區與國家的，主張多向潛能論點的學者，也許比較著重於天生的潛在能力。然而，你很可能會發現，多向潛能的說法類似於我們先前探討過的學習代價傾向型，或許你可以把兩者結合，互相應用，以求得令人滿意的效果。

　　多向潛能論述的主要擁護者，本意似乎是要我們多放點注意力在孩子的各方面表現上，而不是只著重於孩子的語言或

數理能力發展。這點對於發展學校的多元學習文化是有正面意涵的。或許，我們可以這樣說，多向潛能概念的普遍化，在某種程度上，有助於「教育」的解放！

　　據說，在幾十年前，有學者主張，全世界各人種的智商，彼此之間具有顯著差異，所採用的觀點是傳統的智力測驗分數（著重語言與邏輯能力）。當他要進入美國著名大學演講時，演講廳外聚集了許多抗議人潮，他們手上的標語寫著：「×××是種族主義份子。」這可能是歷史上少有的講演現象，因為他必須靠著警察開道才能進入演講大廳。這意味著智力測驗所帶來的「標籤」現象並不是那麼地令人感到舒服。據此，我們期望多向潛能的思考觀點，能緩和這種標籤化現象在學校等教育機構的蔓延。（當然，不當地運用多向潛能論點，也很可能會產生另一種標籤化的現象。）說到這，也許在讀者心中，很想知道各人種在智商分數上的排名。現在讓我們來揭開謎題，有關的研究似乎企圖暗示我們，白人的智商分數優於黑人^{註三}。

　　我們必須了解，所有的智力測驗結果都很可能會隨著個人成長而產生變化。以傳統的智力測驗而言，一個人在幼稚園所測得的分數，可能與國小四年級所得到的結果有很大的差異，這可以歸因於個人的生活經驗與學習環境使然。我們也應該思考，多向潛能傾向的結果也是很有可能產生變化的。此外，任何的智力（或說智能）測驗不一定完全反映一個人的外在表現能力。我的教學經驗告訴我，一位學童很可能在智力測驗上的分數並不高，但是他在學校的課業成績，卻可以透過自身的努力與適當的外在協助，經過一段時期的醞釀，而有著令

個人滿意或另他人驚艷的表現。

除此之外，多向潛能的說法也不是無懈可擊的。或許有人會質疑，多向潛能的論點是曖昧不明的。例如，運動與學業表現之間的關係。我時常發現，許多擅長運動表現的孩子，學科能力也不差。這樣的發現，似乎和我們的認知有點差距，因為我們總認為，「頭腦簡單四肢發達」是一項真理，那些在橄欖球場與棒球場上表演的球星們，如果想要發光發熱，也只能選擇運動場生涯。在其他與多向潛能論述相互矛盾的研究答案，尚未得到合理的科學標準詮釋之前，宣稱這種論述是「不存在誤區的」，這就未免流於迷信！

然而，不可否認的，多向潛能的論述卻也帶給一些兒童的父母們一絲希望。例如，北京奧運游泳項目八金紀錄的菲爾普斯（Michael Phelps），據說小時候有注意力不足過動傾向。過動兒在醫生的眼裡是需要治療的一種「疾病」。但是一位擁護多向潛能觀點的教育家，很可能以「運動潛能」需要被釋放角度，建議這些過動兒發展運動潛能，而不傾向於把過動症狀視為疾病。

有一點我們可以思考的是，依照多向潛能論述所加強培育的學生，變成「全才」的機率很可能會小於成為「偏才」的機率。據此，我們可以合理地提出一個問題，那就是，過早地標籤化學生的潛能傾向類型，是否同等於武斷地剝奪了其往後的學習空間呢？換句話說，也許本來可以成為「全能」的學生，在重點培育的計畫下，卻成了「偏能」的學生了。（當然，到底是全能好還是偏能好，又得進行一場爭論了。）

以一位教育現場工作者的觀點出發，與其擔心一個人的

潛在能力是否得到開發，倒不如用心屏除那些可能會阻礙學習者適性發展的絆腳石，我這麼說是有依據的。第一，心裡學領域存在科學證據支持「物以類聚」現象[註四]，換言之，具有某種潛能的人，始終會朝著註定的方向前進，我們只要不在中途設置障礙即可。（不幸的是，人生有重重的障礙，甚至教育系統本身，就為學習者設置了莫名的障礙。）第二，在一般學校裡刻意進行潛能分組學習，很可能會有不當歸類的困擾，這就造成了無法原諒的錯誤。

　　最後，我想陳述的是，每一班總會有少數一兩位學生，對於許多的學習科目是完全沒有「學習感」的，如果還是硬要他們在我們所期待的學科上有所表現，這不僅會帶來痛苦，甚至進而否定了他們在其他方面的優點（例如，喜愛上學的態度），如果能以這樣的高度看待多向潛能論述，那麼許多在某方面弱勢的學生，或許能在早期的學習經驗上，得到些許的肯定。

第三節　　學校風氣

　　請回憶一下你個人的求學階段，也許你有著一段非常精采的大學生活，或者你的大學生活並不是那麼地令人滿意。你曾經想過這是什麼原因嗎？有人提出，如果學習者的性格與整體學校風氣相互對味的話，那麼此位學習者比較能夠發揮個人的潛在能力，也因此能夠感受到較佳的學習經驗，促進學習

動機的產生。在此節裡，讓我們抱持著這樣的概念，探討「延伸」的教-學關係。

　　讓我們姑且把學校風氣分成兩類：開放與保守。如果你覺得你沉浸在開放的學校風氣之中，這很可能意味著你所在的是一所做法開放的學校；相反的，如果你感覺的是保守的學校風氣，這可能意味著你所在的是一所做法保守的學校。讓我們也把入學者的性格分成兩類：一種是傾向於開放，一種是傾向於保守。學校風氣與入學者性格兩者相符的話，可能有利於學習者的學習經驗。

　　此處，我們有兩個問題需要解決。第一，你必須確認自己是屬於哪一類的性格（開放或保守），但是這或許有些困難，因為每個人對於開放或保守的定義很可能並不相同。例如，你很可能認為你的美國同學是屬於開放性格，但是如果你親口詢問，她很可能會給你一個完全相反的答案，這是因為文化偏誤的關係。第二，什麼樣的風氣才算是開放或保守呢？「風氣」二字也許過於抽象，但是如果我們觀察學校的一些做法，也許就能夠比較清楚地了解學校風氣的類型（參看表7-1）。據此，如果你不確定自己是屬於哪一類型的性格，就詢問自己一個簡單的問題：「你喜歡這間學校的做法嗎？」

表7-1 開放與保守的學校做法

● 開放型學校	● 保守型學校
男女合班	男女分班
自由穿著	統一服裝
不使用測驗為入學標準	使用測驗為入學標準
男女混住宿舍	男女分住宿舍
簡易行政流程	複雜行政流程
協商空間大	協商空間小
接受博弈捐款	不接受博弈捐款
課表彈性大	課表彈性小
多元文化領導風格	非多元文化領導風格

　　為何學校風氣會影響學生的學習經驗呢？這種情況是怎麼造成的？讓我們來看看以下的例子。比如，保守型的學校也許在行政方面給予教師的發揮空間不大，所以導致教師進行保守的教學與評量作風。例如，以學生升學測驗分數作為評鑑教師教學能力依據的做法，使得教師不敢放手嘗試解放派的東西，這種現象很可能不利於不適應保守派教學與評量方式的學生。

另外，請注意表7-1裡最底列的內容（多元文化／非多元文化）。這對於少數族裔的學習空間而言是至關重要的。有一個論題是這樣的，學校領導乃至於學習風氣，如果都能具備**多元文化**的特質或觀念，那麼在此校裡求學的少數族裔，或許具有較大的機率，可以有尊嚴地學習本身的傳統文化，多數族群也能夠認識其他非主流文化的特點。如果你是少數族裔的家長，你又不想讓你的孩子被多數給**同化**而喪失自身文化的資產，那麼注重多元文化的學校可能是個不錯的選擇。

　　當然，我也曾經看過不贊成在學校內發展多元文化的大力論述，他們所持有的理由可以是教學上的，甚至是有關於國家認同意識上的議題，然而他們的主張，似乎都被抹上了種族歧視的色彩。

第四節　　能力分組

　　任何人在入學之前，總是會經歷幾年的家庭教育過程，這個過程對於入學後的能力表現不無幫助。學前教育（優質或劣質）可能在往後使得您的孩子，感受較為舒坦或不舒坦的學校學習經驗。據此，其學習表現可能優於或劣於其他同儕。當然，這可歸因於後天的環境影響。然而，不管是先天還是後天，在上學的第一天，老師就不可避免地面對一班能力參差不齊的學習者。

於是，有些人主張進行能力分組式的學習模式。把相同能力的學習者聚集在一組，教師根據不同組別成員的能力，進行分組教學，對於分組能力高的學生，執行進階教學，對於分組能力低的學生進行初階教學。不管此出發點的論點為何，讓我們先考量一些人所達成的觀點。

這一些人認為，把學習能力差的學生歸類在同一組裡學習，可能並不是一項受人歡迎的選擇，這很可能是因為分組學習的特點。我們知道，分組學習的特點之一就是要激發同儕相互研討學習的功能，而這個功能在一群學習能力差的組別裡似乎是起不了積極的作用，這可歸因於能力差的學習者，沒有較好的學習親近對象的緣故。此外，能力低落組別的學生，有可能進行自我矮化的心理過程，這形成一種惡性循環。

另一方面，有的人會說，學習能力強的學習者，似乎在異質分組模式（有的能力強、有的能力差）裡得不到好處。這是值得商榷的，讓我們考慮以下兩點：（1）教師很可能考量異質組裡其他成員的學習能力，而給予較不困難的作業，因此使得學習能力強的成員接觸高難度挑戰的機率較少，或是團體表現被能力差的成員給拖累，然而這並不代表能力強的成員處於較為不利的學習地位，以及（2）在異質分組模式裡，能力強的成員感受到了（與同質組比較之下）較強烈的自信心，反之，能力強的成員在同質組裡，更有可能感受到挫敗。

如果以學習動機的觀點出發，似乎異質分組學習模式更有可能比同質分組模式照顧到更大多數的學習者，這是因為異質分組使得能力差的學生，能有向「好」學習的機會，而能力強的學生，也不會因為過度競爭而有**自我概念**（例如，自尊與

自信）低落的現象。一位自我概念低落的學生，大致是不會有多麼強烈的學習動機的。當一群資優的學生聚集在一起學習，其最終目標是要「打敗對手」時，困難度顯然增加了好幾倍，原本成績不錯的學生，很可能因為在資優班裡表現不佳而抑鬱不已，最終走上了歧路。

如果我們以更寬廣的角度看待能力分組，不把能力分組侷限於學校主科的學習上，那麼也許同質分組模式的缺陷就會降低。比如，挑選同質性高的學生代表學校參加校外競賽，這個時候，組內成員的共同目標是發揮合作精神，共同爭取榮譽，這就沒有了組內互相競爭廝殺的問題。一致對「外」的結果，反而能使同質分組學習模式的優勢發揮到極致。

現在，讓我們回到剛開始的問題，那些主張同質能力分組學習模式的肇始者是抱持著什麼樣的理由呢？如果說，同質分組能使教師更為專心於一群能力一致的學生，那麼這可以成為一個理由，換一句更專業的說法，**教師效能**可以是同質分組學習模式的主要考量因素。實際的情況，往往是學習能力高的組別比較好教（**自我效能**[註五]高），教師比較能夠心無旁鶩地進行教學。當然，我們也可以合法地提出一個問題：「同質分組學習模式，只是影響教師效能的唯一因子嗎？」

然而，對於特殊教育而言，同質分組學習似乎是非常適合的。當一位教師面對的是一群智障生時，他必須把重度智障與輕度智障生分開教學，這不僅考慮到教師效能，也兼顧了**學習效能**。以教師效能而言，因為輕度智障與重度智障所需要的學習內容可以存在很大的區別，所以分開教學是有助益的。以學習效能而言，重度智障與輕度智障的自我效能差異可能很

大，以致於必須被分開使學習歷程得以較為有效地進行。

很不幸地，在大多數的人類社會裡，存在著一種「不得不」的另類能力分組情形，造成這種能力分組的原因很複雜，而此種情況的存在，對於解決某一部分人的生涯發展問題可能作用不大。例如，少年監獄的設立。

第五節　男女分班

男女有別呈現於生理特徵，然而在興趣取向與學習能力方面，是否也有其不可忽視的差別呢？關於前者，世界都是一樣的標準；關於後者，就很可能存在文化上的差異。例如，在東亞世界，也許女孩子從小就被暗示必須在藝文與音樂方面有所薰陶，所以女學生在這方面的表現就顯得特別突出；或者，男生從小就被灌輸必須在理工方面有所專長，所以男學生在數理科目上的成績就顯得比較亮眼。然而，同樣的情況也許在美國就不適用。

本節並不是要討論，為何男女在學習取向與能力上會有所不同，而是要探討，男女合班與分班對於男性與女性在學習方面的可能影響。有人指出，在男女合班的學習環境下，有可能某一類性別的學習表現會被忽略，或是被壓抑，而造成這一類性別學習者的學習潛能無法被發展。這種擔憂，在男女分班的學習條件下，很可能會得到顯著的改善。

有人認為，平均上，中學女生在男女分班情況下的數學表現，顯然要比合班情形下要好。這種現象有可能是因為（1）在男女合班的情況下，教師的期望、教學以及作業評量的內容或方式，較利於某種性別的學生，與（2）青春期的女性，在同性別的學習環境下，較不會有壓抑感。然而，我們必須注意，這是關於中學生數學科目的學習成績表現，是否能進一步類推至其他的學習領域，尚有待觀察。

　　那麼男女合班是否使某種性別處於較為有利的地位呢？這點讓我們來思考一下。假設你同時擁有一對同年齡的男孩與女孩，你會給他們買同樣的東西嗎？會讓他們玩同樣的玩具嗎？會對他們有同樣的要求嗎？又假設你擁有的是一對同齡同性別的孩子，你對以上三項問題的回答會保持不變嗎？

　　如果你是一位教師，那麼（1）關注自己在教學與評量上，是否對不同性別的學習方向上存有偏見是有助益的。或者，（2）謹慎觀察在上某些科目時，是否有不利於特定性別的現象產生。例如，在上體育課的時候，女學生可能怕男學生嘲笑而不敢發揮應有的實力，這個時候，想辦法消弭這種不利於學習的現象，就是教師眼前最主要的任務了。如果你能夠做到以上兩點，相信男女合班的潛在缺陷，就能夠被最大程度地消除。我想要套用老子所說的一段話語，再一次詮釋本段所述，我只加入了教師與學生這兩個詞語，這句話就是：「**無私心的教師，才能成就每一位學生。**」

第六節　警語

　　在一個只著重語文與數理發展的社會裡，不擅長於表現這兩類智能的人，似乎是沒有出路的。也許他們在小學時代，就因為對所謂的「基本能力測驗」不感興趣，而遭遇重大的挫折感，這種挫折感瀰漫整個心靈，進而使他們的其他天份鈍化。不可否認的，在這個世界村裡，從家長、學校乃至於整個社會，似乎只對某些智能的培養感興趣而已。或許有一天，人類社會只剩下某些智能的人種，如果那一天真的來臨，我預期生存競爭會更加地殘酷激烈。（這似乎已經發生！因為台灣的碩博士生過多，而就業機會卻只有那麼大的市場，在美國，許多博士畢業生，也不得不低就於一些非正式的工作。）

　　關於教學，我們只需要提問一個簡單的問題：「**學習者是否能一次做好一件事？**」教師如果能稍微注意學生的個別差異，強調一步一腳印的重要性，大致運用一點可靠的教育研究成果於課堂上，相信對於學生的身心發展會有助益。但是，有些老師也許會感覺，要做到這一點確實不容易，因為或許學生家長、整個社會、甚或是自己本身，無法或並不這樣想！

　　另外，學習材料必須經過學習者的「動腦」歷程才能變成自己的一部份。換句話說，沒有經歷「思考」的學習是經不起考驗的，不管你採用我們所討論過的任何教育研究成果。當你發現，孩子明明已經寫了好幾張複習卷，還是考不好的時候，首先須確定是否有學習或智能上的障礙，再來你應該要有

一種認知，那就是他的學習基本功，很可能並不扎實。如果平常的作業都是大人幫忙的，或是課業過於忙碌，使得孩子得不到充裕的時間放心地動腦思考，或者孩子本身因為各種因素而導致無法專心致志，那麼他就沒有辦法鞏固學習內容，以應付千變萬化的情況，我甚至發現，有的孩子已然喪失了嘗試錯誤的偉大勇氣。

我想要再次強調學習動機的重要性。此處，我願意不厭其煩地告訴各位，學生一旦失去了主動學習的動能，不論你運用多麼「先進」的教學理論，其結果都是令人沮喪的。如果說少一點的「家庭作業」能夠換來學生多一點的「上學」動機，那麼這項交易對於教師而言，絕對是不可多得的。

最後，我想要跟各位分享一項有趣的說法，這類論述大致上認為，教師與學生的性格（內向或外向）相符的話，可能有助於學生的學習。我曾經以美國某大學教育系大學生為方便樣本（大約三十人），先後施測一份人格量表與一份創意思考量表，發現內向型的人傾向於多數，而總體創意思考分數傾向於中下。當然，這只是一時的粗淺發現，很可能並不能解釋些什麼。然而，如果我們培養出來的教師，都是性格內向與創意低落的人，那麼不可否認的，外向型與富有創意的學生，有可能在教學歷程上被忽略。

註一：請查閱並試做Learning Style Inventory（LSI）以及Myers-Briggs Type Indicator（MBTI），它們分別是學習類型與人格類型量表。

註二：例如，Howard Gardner對於multiple intelligence的論述。

註三：讀者可參考Reynolds, Chastain, Kaufman以及McLean等人在1987年所發表之非常著名的論述。

註四：請參考Theodore M. Newcomb在1961年之後的一系列研究發現，以及《易經·繫辭上》。此處並無貶義。

註五：自我效能（由Albert Bandura所提出）高的兒童，比自我效能低的兒童更懂得控制自己，換句話說，就是比較守規矩、有紀律。

下午茶時間

茶點 1

如果你是一位黑人學生的家長,你會把孩子送入白人學校、黑人學校、或是混合學校?為什麼?

茶點 2

假設你想要增進自己的外語能力,請你依據五、七兩章所介紹的學習特徵,為自己設計八條容易實踐的學習指導。

茶點 3

你喜歡男女合班或是男女分班?請說出你的理由以及自己的性別。

茶點 4

你覺得黑人在傳統智力測驗得分上,落後於白人的原因為何?

茶點 5

你認為「孟母三遷」是否與學校風氣的概念有關?

茶點 6

你想要請一位外籍教師或是會說中文的英語教師,教你的孩子學習英語?

茶點 7

狗族可被歸類為哪一種學習代償傾向?(我個人認為是嗅覺傾向。)

第八章
教學有效乎

「頭痛醫頭、腳痛醫腳，不如每天運動加喝水。」

在稍早的章節裡，我們討論過關於課程效果的一些注意事項，在本章裡，我們將要探討教學效果的評估。在繼續我們的討論之前，先讓我們認知，課程效果與教學效果之間的重要區別，那就是教學效果牽涉到「人」的成分會比較多一點，其範圍也不像課程效果那樣的大，它比較著重在班級裡面所發生的事件，但是其與課程效果同樣關心「教學目標」的達成與否。

從字面上我們可以了解，教學效果主要牽涉兩個層面，一方面來自於教師，另一方面來自於學生。如果我們要確知「教學效果」的改善與否，從這兩方面搜集資訊並同時考量，才能獲取較為全面性的理解。對學習者而言，教學效果意味著某種互動效應，假設你的老師以**朋友式的關懷態度**與你進行學習的切磋，那麼所產生的教學效果很可能令你回味無窮！

第一節　　教師層面

　　影響教學效果的教師層面因素，主要來自於與「課程傳遞」有關的歷程。此歷程是綜合的，結合了教師教學與教師特質的各方面，它們是（1）教學原則，（2）教學方法，（3）教-學關係，以及（4）教師學養。我們再把這幾大項進行細分，更詳細的概念就可以被呈現出來（參看表8-1）。

表8-1　教學效果之教師層面因素

1.教學原則	·是否運用相關技術幫助學生對於學習內容形成長期記憶。 ·是否複雜化學習內容以企圖觸發學生的高層次思考能力。 ·是否注意到學習內容相對於學生能力的難易程度。 ·是否採取手段幫助學生從實體觀察轉換至抽象概念。 ·是否觀察學生的學習障礙（例如，無助感、錯誤的第一訊息）並試圖解決。 ·是否給予學生在合理範圍內嘗試錯誤的機會。 ·是否使用適當的制約方法來促進學生學習。
2.教學方法	·是否了解各種教學法的優缺點。 ·是否注意教學法與評量之間的關連性。 ·是否於分組學習模式的環境下也注意學生的個別差異。
3.教-學關係	·是否採用不同手段來滿足學生在學習代償傾向上的個別差異以求得最佳的教學效果。 ·是否注意學生在語文與數理科目以外的學習潛能。 ·是否注意學校作風對於本身教學的影響並試圖建言。 ·是否覺知本身於學生性別與學習能力上的偏見。
4.教師學養	·是否對學生抱有期望。 ·是否關心學生的學習狀況。 ·是否能屏除干擾教學效果的因素。 ·是否能使學生免除課程偏誤的苦果。

表8-1所呈現的許多東西，除了教師學養之外，大多都是稍早所討論過的。以教師學養而言，我們期待教師本身的歷練能夠愈加成熟以助益學生在各方面的學習表現，加大上學所得到的回報。另外，我們可以依據表8-1所呈現的諸多注意事項制定一份評估表（參看附錄五），教師本身可以透過自評的過程，找出一些關於教學效果的盲點。

　　關於附錄五，應該注意的是，它的功能並不完全同於所謂的「心理衡鑑量表」。因此，這份自評表的各個題項必須分開解釋，圈選的分數也並不代表高分就是「受歡迎的」，例如第七題項，也許有些教師認為，採用獎懲所帶來的行為制約效果是違反人權的。據此，附錄五評估表的主要目的，是讓教師確實思考可能讓「教學效果改善」成為現實的潛在實際作為。

第二節　學生層面

　　要能正確地評估教學效果，就不能忽略來自於學生方面的訊息。如果學生確實在課堂上學到了教師認為「應當」習得的內容，那麼**課後評量**可以做為一種偵測器，偵測的結果可能代表某部份的教學效果。另外，我們也可以設計一份**問卷**，從學生口中搜集訊息，以此來判斷教學效果到底有多大的可能性在學生身上發酵。最後，我想要談一談課堂秩序以及班級人數對於教學效果的影響。

壹　課後評量

　　以課後評量來判斷教學效果可以說是最直接的方法。但是，誠如我們所知，影響評量成績的因素有許多。例如，評量的信度與效度、測驗的練習效果或混淆效果、學生的疲勞度，我們也別忘了，遺忘是人類的天性。因此，單就某種評量成績來評判教學效果也是最不客觀的。為了避免可能發生的弊端，我們有必要把**隨堂評量**放在最重要的位置。為了理解隨堂評量的重要性，讓我們先來大致探討什麼是信度與效度、練習效果和混淆效果。

　　我們說一份評量具有信度與效度，這意味著這份評量的題目設計得很不錯，學生在這份評量上所得到的分數具有某種程度的代表性。換句話說，評量問題（以及其文字敘述）對學生而言是（1）清楚不曖昧的，也（2）沒有超出學生的學習內容。這兩項特性提升了一份評量的代表性。

　　那麼什麼又是練習效果以及混淆效果呢？如果學生在類似的題目上做過練習，很可能他並不確實理解題目與答案的關係，只因為同樣的題目練習過很多次，就能夠給出解答，但是這並不一定代表學習者確實理解了，也許只是「練習」所產生的效果而已。如果學生在接受某份測驗之後緊接著又進行另一份測驗，我們也不敢保證是否前者影響了後者，這就是所謂「混淆」的效果。

以練習效果而言，如果你發現學童在許多的評量試卷上表現良好，但是卻在「重要考試」（例如，升學測驗、學期測驗）上慘遭滑鐵盧，那麼你似乎可以肯定，這位學童平常在評量試卷上的良好表現，有可能只是因為同樣或類似的題型練習過很多次罷了，至於其是否確實理解**核心觀念**，就非常令人懷疑。其在重要考試上的失利，是因為這重要考試不會以市面上的評量試卷為出題藍本，這導致練習效果的作用被抵銷了。

　　除此之外，我們也常常發現，練習效果使得通過考試的應試者，在考完以後就把考試內容統統拋諸腦後，這很可能是因為他們的目標僅僅是通過考試進而獲取某種利益，並不把心思放在「了解與作為」上。所以在實際的表現上，就與考試分數所能代表的價值相距甚大。例如，參加補習班不斷練習題庫，通過高普考而被錄取的人員，其工作效率並不與其考試的高分表現形成正比。或是，英文測驗考了高分，但是卻不知道如何用英文表達自己的思想。

　　以混淆效果而言，如果應試者在數學考試上失利，緊接著又參與了語文測驗，那麼我們似乎無法確知其在語文測驗上的表現，是否受到了挫折感的影響，因為我們似乎無法宣稱，數學考試的失利沒有影響到應試者的心情。如果我們沒有考慮到這一點，那麼這位應試者在語文測驗上的表現，就會讓人誤以為是本身實力的關係，因而帶出了混淆效果。

　　從以上的說明，我們可以理解，為何隨堂測驗（或說評量）的概念，對於確知教學效果是這麼地重要。因為此類測驗「簡單直接」又「立即」的特性，使得教師有機會避開以上所介紹的諸多麻煩。以漢字教學為例，在下課前十分鐘隨機抽選

學生上台書寫剛剛練習過的生字，就能夠確知此堂課目前為止的教學效果是不是令人滿意的。

另外，如果你習慣把許多的平時成績總加起來求其平均數，並以此來看待教學效果，不要忘了把過於誇張的分數獨立對待，並且牢記呈現在眼前的資訊代表的是**平均**的概念。如果你已經以平均的觀念看待某位學生的教學效果，那麼另一項統計數值「標準差」，就能夠讓你明瞭教學效果在某位學生身上發酵的穩定度。標準差越小代表穩定度越好，但是並不表示此位學生的表現越棒，例如，一位進步神速的學生，其測驗分數集的標準差很可能並不小。影響教學效果穩定度的因素有可能來自於教師面（例如，教學方式），學生面（例如，學習能力取向），或評量本身（例如，測驗的信效度）。

貳 問卷調查

以問卷調查進行的教學效果評估通常涉及一部分「評鑑教師」的過程。這個過程由學校或教師主動發起，然而評鑑人為學生。此類問卷的題目通常不針對教師的人格特質，而是要學生回憶教師的哪些作為確實影響了教學，把這些事實忠實反應給教師，作為教師改進教學效果時的參考。這類問卷的題項可參看附錄六。

由於附錄六裡的題項都是正面敘述，因此你可以把所有

題項的得分加起來並以總分的觀點看待一份問卷的得分高低。如果你發出三十份這樣的問卷，你可以逕自求得這三十份問卷總分的平均分數，並以此來看待學生所給予的評價。以附錄六而言，如果你得到的平均分數是八十四分（量化部分總共十二題項，每題最高得分為七分），這代表你獲得了學生所給予的最完美評價，這也指出教學效果「高」的可能性。相反的，如果平均分數為十四分，那麼你得到的是不受歡迎的評價，這也指出教學效果「低落」的可能。如果平均分數為四十八分（平均每題得四分），那麼評價為一般，教學效果「不高也不低」的可能性較大。當然，別忘了細究那些誇張分數（過高與過低的問卷分數）可能代表的實際意涵。除此之外，你也可以分開處理在每一個題項上所搜集到的分數，這種做法能夠讓你了解個別題項所帶給你的意義。

　　關於附錄六的質化部份（第十三題項），以等第分數而言，請計算各等第的次數分配來評估最有可能得到的評價。如果「優」的次數分配最多，那麼評價可能高於一般；如果「甲」的次數分配最多，那麼評價是趨向一般；如果「乙」的次數分配最多，那麼評價是有待加強；如果評價呈現兩極化，請注意教師的作為是否也有兩極的現象。你可以把上半部（總共十二題）的得分與下半部（第十三題）的結果進行對照，藉以求得更切實際的答案。以開放式回應而言，請分析文字內容並歸納出優缺點，以此觀察教學效果的改進空間。

　　附錄六的問卷可以施測於國小中、高年級甚至是大學生。對於低年級的小朋友而言，類似附錄六的問卷題項很可能過於複雜以致於無法確實作答。此時，我們可以仿造附錄

四-B的格式來達到簡化問卷的目標。簡化時請把握三項原則：
（1）縮短以及減少題項，（2）加上拼音符號，以及（3）以
二分法的答案作為其選擇依據，這可以讓他們專注於只有兩種
選擇的情況，增進真實的反應程度。

 課堂秩序

　　由於許多的原因，這原因可能源自於家庭教育，也可能
源自於天生傾向，或是整個社會的影響使然，使得許多的學
童不喜歡（並不是不知道）負起維持課堂秩序的責任。全班之
中，只要有一位喜歡在課堂上破壞秩序的學童，享受著極端自
我的行為，就完全能夠「停止」教學效果的產出。遺憾的是，
在台灣，一班之中總會有不只一位這樣的學生，他們的行為經
常在沒有醫生的診斷證明之下，被冠以一個美麗的藉口，這個
藉口叫做「過動」。

　　尤其是在人數不會少於二十五位學童的班級當中，課堂
秩序就更難以維持。這是能夠理解的，因為人少的地方總是
比較安靜有秩序，人多擁擠的地方總是容易發生莫名的衝突。
從我的教學經驗出發，三十位與二十五位的差別，居然有著天
壤之別，而就在我因為班級人數減少而感到鬆一口氣的時候，
轉來了兩位「不喜歡安靜」的學生，這馬上又讓我精神緊繃不
已！

很明顯的，人數少的班級總是強過人數多的班級，因為我們無法避免那些喜歡破壞秩序的學童，隨機地散布於各班級裡，一般的學校系統，只能在不違法的情況下，控制班級人數的多寡。

　　或許有人會爭論，秩序不好不能夠責怪學生。但是，我想要強調，學生本身也必須負起教學是否有效的責任，這責任來自於遵守課堂秩序，而減少班級人數的做法，有助於課堂秩序的維持，進而助益教學效果。

第三節　家長涉入的警示

　　當美國教育研究領域把**家長涉入**（parent involvement）納入學生學習成就的其中一種指標時，很明顯地產生了兩種反應：（1）美國教師產生強烈的反彈，以及（2）美國家長抱怨學校的做法只是為了應付家長。現在，讓我們再次回想前面的討論，合理地把學生的學習成就（例如，學業成績總平均），視為教學效果的部份代表物。

　　為什麼家長涉入會被列為學生學習成就的其中之一種指標呢？讓我們先思考一個問題，那就是家長涉入的範圍有哪些？這個問題的答案，可以透過問卷調查研究而得到一些歸納結果。我在此把它歸納為兩大方面，一是家長涉入學校活動，一是家長涉入教學。

現在你應該已經恍然大悟，為何美國教師會有強烈的反彈聲音。但是為什麼美國教育研究領域，會把它列為一項正面指標呢？難道是研究結果的錯誤？在回答這個問題之前，讓我們先深入探討家長涉入教學的層面。首先，如同我們先前討論過的，教學牽涉到教師與學生這兩個層面。如果你把家長涉入教學，視為是關心並協助學生的家庭作業以及／或是學校表現，那麼很顯然的，研究結果正確的機率並不低。然而，如果是干涉教師的教學，那麼研究結果正確的機率很可能並不高，因為這導致了教師的反彈與家長的抱怨。現在，你應該已經領悟出一個滿意的答案！

　　以我個人的教學經驗而言，那些發自內心關心學生家庭作業的家長們，會涉入一些與教師層面無多大關係的學校活動，經過我細心的觀察，他們的孩子在學習成就上的表現，是在全班的平均之上，這可以是支持「家長涉入」成為一項學生學習成就正面指標的有利證據，除此之外，家長涉入的有利效果是混沌不明的。然而，我們也必須注意，學校強制性的要求家長涉入孩童的學習歷程，很可能導致家長與學童之間的衝突。例如，學校要求家長在寒暑假期間，帶著學童要去博物館、圖書館、或至少一種遊樂區進行活動，這可能引起家長與學童之間的爭執。或是，忙於工作的家長，還要每天抽空與學童共同閱讀的要求，這可能造成彼此之間的疲累，進而發生了不愉快。這些不受歡迎的結果，可能無法對孩童的學業表現產生正面的影響。

　　最後，我想要在此處提醒大家重視一件事實。那就是，無力的家庭教育，很可能使得家長潛意識地認為，學生的學習

或行為問題最先是來自於教師教學，這種先入為主的想法會讓（1）教師遠離這些學生以免動輒得咎，以及（2）學生認為自己可以不須配合老師的教學，這的確為學生的學習成就帶來負面的影響。讓我們參看以下的觀察記錄（表8-2），以使我們對於這樣的議題有著更深入的了解。

　　在表8-2的觀察記錄裡，有個案甲與個案乙。請注意，他們兩位在剛入小學的時候，都得到了優秀的智力測驗結果。以個案甲而言，只有大約12%的同齡兒童超越他。以個案乙而言，大約77%的同齡兒童被他拋在腦後。然而，令人惋惜的是，這兩位學生的低成就表現，遠遠讓我無法相信其在智力測驗的分數上，得到如此的佳績。

表8-2　觀察記錄（依照事實虛構）

個案（智力測驗）	日期	內容紀錄
甲（PR = 88）	2005/11	書寫作業態度草率、注意力不集中、愛玩、晚睡，父母忙於工作無暇照料孩子。
	2006/04	字跡非常不工整，有時上課打瞌睡。
	2007/02	字跡依然非常不工整。
	2007/10	老師反應孩子課業嚴重落後、個性懶散、不交功課。家長認為是老師要求標準太高，孩子程度差沒關係，自己教育程度也不高還是能賺錢養家。（轉學）
乙（PR = 77）	2005/11	注意力非常不集中，自我管理能力差，東西亂放。
	2006/03	邊玩邊抄作業，常常嚴重遲到，不帶上課所需要的材料。
	2007/04	字體美觀度明顯退步，家庭負債，父母分居。（轉學）
	2007/11	有灰色念頭產生，情緒化反應，作業遲交情況非常明顯。（再度轉學）
	2008/03	孩子不交功課、不訂正作業。然而，家長責怪老師不認真教學。

第四節　教學效果與教師評鑑

當我們身體有苦痛而四處打聽名醫時，首先我們可能會先注意其學經歷，再來聽取一些過來人的說法，或者參考他所服務的醫院，這些做法都是試圖從外在的一些條件，增進自己對於這位醫生的初步了解。然而，最精準的答案就是自己的病痛，是否在此位醫生的治療之下得到好轉。

同樣的道理，一位教師是否具有高素質的學養，我們也可以從其學經歷、著作或一些他所教過學生的口中探知一些初步的訊息。然而，要得到最準確的答案，還是必須參考來自於目前學生的整體平均感受。

據此，專注於教學效果之學生評鑑教師問卷所得到的結果，應該是最接近我們所要理解的東西了，因為（1）學生的考試分數（甚至只能代表「一時」的結果），（2）口耳消息，以及（3）教學檔案，這些實體或抽象資訊是可以人為操弄的，而學歷和著作也並不一定同等於一位教師的素質。（我曾經聽說過使用吹風機偽造舊化試卷，也常常親耳聽見關於老師的不實謠言，也親眼目睹過自費出版的胡亂著作。）那麼，學生上課之確實感受，應該算是最直接真實的教師評鑑了。

這就像是人人口中的名醫，也許並沒有如預期般地治療好你的病痛，而默默無聞的小鎮醫生，卻使得你的病情好轉。對你而言，醫生的一切外在條件，在你的病情獲得改善之後，都顯得不重要了。同理，對學生而言，教師是否能讓其感受到

良好的學習經驗是必要的，教師的教學檔案、學歷、著作、或是外人的評價，似乎並不能左右學生直接的感受，而進行教師評鑑之目的，不就是要讓學生經驗優質的學習歷程嗎？

　　最後，我想要跟各位分享一則故事。在我的教室旁邊花圃裡，種有幾棵觀賞植物。從學期初的幼苗到學期末的成長開花，我發現一件很有趣的現象，那就是種在角落的植物很難長大並且也不開花。但是，那些不是種在角落的統統長得很高大，並且猛烈地綻放花朵。我第一個想到的是成長空間的問題，因為我特別注意角落植物的水份以及養份，但是那些角落植物的「根」所享有的空間，確實是被死死地限制住了！

下 午 茶 時 間

茶點 ①

　　一位好的父親，是會賺錢的父親，還是一位擅於照顧孩子生活起居的父親？你覺得一位好老師，是會教學的老師，還是一位願意花時間了解學生的老師？

茶點 ②

　　你想要你孩子的老師具有什麼樣的特質？

茶點 ③

　　如果你是一位學生，對你而言，教學效果代表了什麼？

茶點 ④

　　假設你是一位學生家長，你希望老師把教學效果的重點放在下列何者？

　　（ ① 考試成績　② 學習動機 ）。

評　量　篇

「以偏概全的錯誤來自於太快相信眼前所見。」

第九章
評量能夠代表些什麼

「燈下黑！」

在探討了課程與教學的諸多觀點與做法之後，讓我們順理成章地繼續討論「評量」這個不可或缺的項目。如果說這三者有其順序的話，那麼課程必須擺在順位一，再來是教學，之後是評量。以本書開頭之處的原始人範例而言，學習生存的技能是一位原始人的必修課程，再來就是經歷教（例如，師法自然）與學（例如，自我導向學習）的過程，最後就是看自己能否生存下去，如果答案是肯定的，那麼評量的結果就是「通過」，這也驗證了上游的課程與教學是走上了正確的道路。

因此，在繼續我們的探討之前，讓我們秉持著一個觀念：**課程**、**教學**以及**評量**三者之間，如果沒有緊密的關連性，換句話說，**如果這三者無法以一根扁擔平衡地串聯起來，那麼很可能導致不受歡迎的結果**。以我們的原始人範例而言，此不受歡迎的後果很可能是一死亡。有了這層認知之後，現在就讓我們先從評量的定義作為本章的開始，並請讀者仔細體會從此處至爾後各章節的內容，藉以明瞭評量偏誤所帶給學習者的潛在危害。

第一節　評量的定義

此處，我想從兩個方面說明評量的意涵。首先，我想從評量的「工具性」談起並以「三段式」的手法來解剖評量的定義。再來，評量的「目的性」與其所蘊含的積極理念，是我接下來想要探討的議題。

壹　評量的三段式定義

說到評量就不免讓我們想起考試，就姑且讓我們以考試為例吧[註一]！為了完成「考試」這項舉動，首先必須使用手段

從學生身上搜集訊息，這手段包含了測量工具的使用或是面談等等能夠達到「訊息取得」的方法，接著，在取得的訊息上面進行量化的計算（例如，打分數），最後，對這些量化的資訊進行評估（比如，決定獲得六十分以上分數的學生，才能繼續進階課程的學習，或是前百分之三的學生，才能成為醫科學生）。據此，評量的三段式定義順序為：（1）搜集訊息，（2）評定分數，以及（3）進行決斷。

　　我們期待一個完整的評量，勢必不能缺少以上三項主要成分之任何一項。不幸的是，絕大多數的人，只注意到了前兩項，第三項往往被忽略，但這第三項也是最為重要的一環，因為它是評量的最終目標─賦予評量結果所代表的實際意涵。為什麼呢？讓我們參看以下的例子：

　　有一位縣長，想要通過縣試來選拔教師，以改善本縣教師人力不足的問題。在縣試之後，統計分數與人數。九十分以上的從缺，八十至九十分的三人，七十至八十分的十人，六十至七十分的十五人。由於本縣教師缺額有十六人，因此縣長決斷，錄取標準必須降至六十至七十分這一標準。雖然我們期待教師的學養最好在九十分以上，但是如果以九十分以上當作錄取標準的話，將會招不到人來當教師。

　　看完了以上的例子，你很可能會有一些想法，你也可能不贊同縣長所下的決斷。不管你是贊同或是不贊同，你都應

該已經明瞭，評量如果少了「進行決斷」這一環節，就會顯得毫無意義了。因此，一個人被給予的分數，如果沒有進行有意義的參照，換句話說，如果沒有把它放在一個背景之下進行評斷，那就只是一個不完整的訊息。

以我們的縣試例子而言，如果只做到了前兩個程序（搜集訊息和評定分數），那麼我們必定無法確知分數之於每位應試教師的意義。同理，如果一位教師只是讓學生知道了自己所獲得的分數，而不予告知其分數在整體背景下的可能涵意，那麼評量的負面作用就容易產生。例如，學生或家長很可能因為得到一個不完整的訊息而進行錯誤的聯想，比如拿九十分就是優秀的，或是拿六十分就是很糟糕的。

上述是以量化評量為出發的觀點。以質化評量而言，評量的三段式定義順序為：（1）搜集訊息，（2）分析訊息，以及（3）進行決斷。質化評量是評量者對於所搜集資料（通常是文字描述）的主觀分析，而在進行決斷這個程序上，可以進行橫向的評量者參照，或是縱向的被評量者歷史參照，這些都是對於被評量者的主觀評價。因為這是一種主觀評價，所以當你去面試工作的時候，如果面試評分員（橫向參照）少於三位，那麼這代表了你很可能將會遭遇不公平的對待。（有了三位評量者，就可以有多數決的可能。）

假設有三位評分者，對某位應徵人員做出了質化評價：面試評分員甲（談吐優雅、思路清晰、外表得體，可作為本公司業務代表）；面試評分員乙（整體感覺尚可，應對有理，建議錄取）；面試評分員丙（雖然外表穿著得體，但是口音聽不慣，或許可考慮其他人選）。如果沒有了面試評分員乙的意

見，那麼公司高層就很可能無法做出正確的決斷。請再回顧表8-2，這類長時間的文字記錄（縱向參照）也是屬於質化評量，相信你可以看出，當事人的學校表現有待加強。當然，還有一種你常常看見的質化評量，那就是老師寫在成績單上的評語。

貳　評量之目的為何

如果你到荒野生活一個月，並且你也很幸運地生存了下來。當你回到文明世界之後，你很可能會想要詢問自己一個簡單的問題：「我到荒野去經歷原始生活的目的為何？」或者，當你與親朋好友提起這段時光時，他們非常有可能帶著好奇不已的眼光看著你，並提問同樣的問題。

讓我們假設你在荒野生活期間裡（1）學會了生存技巧，（2）領悟了人生道理，以及（3）解放了自我禁錮的靈魂。那麼，這三項成就滿足了你最初之出發目的了嗎？如果你最初的想法僅僅是「培養自己獨立生活的能力」，那麼很明顯的，這趟荒野之旅，不但滿足了你最初想要達成的目標，而且還遠遠超越了預期。然而，如果你起初的想法是「體驗死亡」，那麼很可能這趟旅程交了白卷。

此處，荒野生存可被比擬為一項課程，期間的三項成就可視為評量的結果，但是此評量結果是否有意義就要與源頭

（最初之目的）互相對照才能獲得一個較為令人滿意的結論。因此，如果你最初的目標是「培養自己獨立生活的能力」，那麼你所得到的三項成就等於是一種**回饋訊息**，這讓你明瞭，你已經達到了學習的目標。據此，評量（不論是被給予或屬於自發性）之目的，在於取得目標是否被滿足之回饋訊息，此目標可以是（1）個人學習目標，（2）教師教學目標，（3）課程目標，或（4）任何你想要了解的特徵。

以學校生活而言，如果回饋訊息不足以充分解釋教學目標，那麼我們須先考量（1）評量工具（或方式）的代表性與可靠性，（2）教學的適切性，以及（3）課程因素。如果以上三項沒有瑕疵，並且相互合法地緊密結合在一起，那麼就要探究其他可能的因素，例如學習動機。因此，我們也可以說，校內評量的積極目的在於提供教師機會去重新檢視整體課程、教學與評量所構成的流程，甚或是學習者的個人潛在因素。但是，存在許多外在因素（例如，半強迫式的升學測驗、制式的審定課程、低落的教師自主權等等），使得教師無效著力在此流程的修改上頭。

或許有人會說，評量之目的在於「篩選」。但是，我想要強調，這種心態所產生的做法過於狹隘、消極並且具有一定的缺陷。如果有各種措施，以各種不論是明示或暗示的方式，使得這種概念普遍深入於學校內，那麼評量就無助於課程、教學與評量自身，三者整體的積極進展（因為課程、教學以及評量必須一起看待）。相反的，它很可能對學生的學習動機造成無法令人忽略的傷害，或是扭曲了學習者當初學習的偉大志向。我想要舉一個很著名的例子，說明評量以篩選為主要目的

之缺陷。據說，愛因斯坦（Einstein, 1879-1955）小時候成績並不好，還曾被指責為「沒有前途的小孩」。很慶幸的，他是漏網之魚，沒有被篩選至「無用之材」的類目裡，否則他很可能沒機會發明影響整個理論物理學領域的相對論了。

第二節　評量的特徵

　　一張考卷的分數可以讓我們深思兩大事實。第一，它具有多大的代表性？第二，它的價值如何？這兩點質疑是合法的。所有與評量產生關聯的任何人，在接受你所看見的任何分數之前，都應該對這兩點評量特徵進行反思。

　　一份數學考卷上的分數，充其量也只能代表應試者在數學方面的某些知識；一項體育競賽的成績，最多也只能把它視為參賽者在此競賽項目上的表現；一場入學考試，頂多是應試者當下對於眼前試卷的反應罷了。但是，許多人卻無理地（或說潛意識地）把考試分數的代表性無限擴大（實質上／心理上）至其他不相關的領域。例如，數學考不好就代表是一位不愛學習的學生；某項體育競賽失利就表示是一位「失敗者」；或是入學考試名落孫山，就代表必須被整個社會所遺棄。我們應該明瞭，具有博士學位並不同等於具有高尚的品格。

　　另外，一份測驗成績的價值又要如何判斷呢？讓我們這樣來理解。如果你是一位學生，而你對眼前的評量成績感到恐

懼，甚或是阻礙了你的學習潛能，那麼你應該把重要價值放在未來的學習上面，放少一點注意力在眼下的分數上。如果你是入學考試委員，而你們所主辦的大考，卻帶給社會大眾許多的迷惑，那麼很明顯的，應試者所付出的代價遠遠超乎此份測驗所能展現出來的價值。如果是國家考試，而通過此測驗所錄取的人員，卻不安本分、貪贓枉法、因循苟且，不容置疑的，這份測驗的存在價值是可以被忽略的。相反的，如果眼前的評量結果帶給你一種「收穫／確認」感，甚或是激起了你的正向學習動機，那麼此份測驗對你而言，是非常有價值的。

　　上段所述也是我想要強調的「事後情意」議題，也就是說，當評量設計只專注於應試者是否具有某種專業或態度時，我們是否有考慮到應試者在接受了此次評量之後所可能產生的「情緒」？換句話說，如果參加國家考試的應試者，就算是通過了所有的筆試與面試的試煉而被錄取，但是錄取之後的情緒卻是負面的，那麼他很可能不會秉持著服務與貢獻的心態從事公務。如果是參加升學測驗的學生，不論錄取與否，這種負面的情緒很可能使得他以分數自重，養成了急功近利，浮華不實，為考試而讀書的心態，甚至進而討厭書本，以後除了應付考試以外絕對不再閱讀求知，忘卻了學習的根本價值。

第三節　評量的根源與設計

　　本節裡，讓我們一起來具體探討設計一份評量的根據源頭。由於「課程、教學以及評量」三位一體的重要性，可想而知，評量的源頭是課程以及教學。請讀者回憶我們在第一章裡所呈現的表1-1與表1-2。通常，評量的設計是根據教學目標而來，請參看表9-1。

　　教師依據表9-1的平台，發展適合其教學目標的各式樣評量題項，最後再把這些題項分門別類（例如，是非題、選擇題等等），集中成為一份試卷，或者是檢核表，或是你所想到的任何形式，並用以診斷學生的學習成果。因此，不管是解放派或者是保守派的評量方式，皆可以根據表9-1的設計法而產生。

　　以表9-1而言，你不太可能使用紙筆評量來確知一位原始人是否能製作並使用弓箭，因為這是不切實際的。同樣的道理，設計一份複雜的實作評量，企圖了解一位學生是否具備整數四則運算的觀念，卻也是過於小題大作，很可能會增添教師診斷學生能力的困難度。

　　說到此處，相信你一定會更加明瞭，為何評量是緊密跟隨其相關的課程與教學，這是因為課程與教學是評量發生之前的事實。試問，我們可以不考慮過去發生的事實而逕自決定「現在式」的存在嗎？不幸的是，許多人分開看待過去與現在，因此當評量結果帶給我們詫異的時候，就不知道連帶檢視

課程與教學，反而莫名地怪罪其他的因素。（你覺得表9-1最上部的評量設計，是否符合表1-1的期待？）

表9-1　根據教學目標著手評量的設計

教學目標	評量設計
能製作並使用弓箭	檢核表設計：（實作評量） 1.弓箭具有實際發射入木的功能（□是 □否）。 2.使用弓箭獵殺小鹿，三發中一（□成功 □失敗）。
能喜歡閱讀 （衍生自「知書」能力）	問卷設計：（檔案評量） 請在下列括弧裡，圈出你對於閱讀的喜愛程度，從 1（一點點喜歡）至 5（非常喜歡）：（1 2 3 4 5）。
能進行整數四則運算	紙筆測驗設計：（紙筆評量） 1. $7+3\times5-8\div2=$（　）。 2. $(7+3)\times5-8\div2=$（　）。 3. $[7+3\times(5-8)]\div2=$（　）。 4. $\{[7+3\times(5-8)]\div2\}+1\times2=$（　）。

第四節　關於評量議題的警示

　　我曾經做過一份問卷調查研究，問卷的題目很簡單：「請以重要性（1-最重要至4-最不重要）排序以下四點可能影響您孩子學習的因素：學校課程、教師教學、學習動機、學習評量。」結果暗示，從家長的觀點出發，學習評量對於孩子學習的重要性，並沒有排進前兩名。

　　在我閱讀了一則新聞之後，我就愈加肯定了上述問卷調查的價值。這則新聞的大意是這樣的，在以升學考試掛帥的國度裡（我稱之為保守派教育的國度），那些逃課準備考試的學生，反而比乖乖上課的學生，取得了較佳的升學考試成績。後來，我又碰巧閱讀到了另一則新聞，其大意是說，一位著名的影后，在當初報考藝術學校的時候，卻連初試都沒被錄取，而且不只一次。這又讓我回想起了當初在美國留學時，有位助教告訴我，有許多學生，確實在其他方面很優秀，申請的材料很豐富，學經歷完整，但就是在研究所入學考試的分數上面比其他申請者稍低，而使得連被審查委員過目的機會都沒有。

　　看了以上的例子，我相信你也一定有某些感觸。的確，一般大眾，甚至是教育從業人員，似乎在潛意識裡過度誤解評量分數的呈現僅僅具有「篩選」的意義，但是又無法從這狹窄的意識裡解放出來。我想要再次強調，評量分數所呈現的訊息，絕對不能代表「一個人」。

尤其是在教育資源豐富的國度裡，當每個人都能自由選擇入學時，評量僅僅代表了學校方所持有的最低程度選擇權。例如，想要學習表演藝術的高中生，在大學入學的評量上，並不需要具備如同想要成為數學家那樣的數學評量成績，如果我是一所藝術大學的校長，我甚至可以免除報考本校的數學應試成績。在美國，許多研究所的入學評量（GRE），只測驗數學以及英文，而測驗的數學程度僅止於台灣學生的國中程度。那些音樂學院，甚至不需要報名學生具有GRE的成績。

另外，我們都有一種通病，那就是喜歡看見仙丹妙藥的效果，但卻忽略了學習者的平均穩定表現。我們對於學習者在各種測驗上的表現，有著超乎現實的預期。這代表了我們忽略了評量的真實性—要正確詮釋評量分數所能展現的意義，就必須以平均數的角度切入。然而，許多人往往只注意最好或最差的表現，即使這種表現發生的頻率僅僅只有一次。

據此，教育方面乃至於整個社會的保守作風，使得「考高分」成為整個教育體制所努力的唯一目標（即使每個人皆有自由選擇入學與否的機會），這讓第一線的教育工作者不得不捨棄學校課程、教師教學、學習動機此三項因素的重要性，而僅僅把學業評量分數的重要性擺在第一位，這種做法恰巧違反了學習的真實情況。（有人甚至會說，這違反了民主精神。）

請別忘了，評量也可以是「加諸己身」的行為。例如，以個人的精神狀況來評估自己的體能情形。這種以個人為主體性質的評量，大可以不必參考他人的情況。此觀點必須和以上所討論的評量觀點有所區隔。

註一：我只是以考試（或說測驗）為例，企圖讓讀者能很快地明瞭評量的定義。我傾向於把評量視為一個較大範圍的類目，而考試可以被包含在裡面。

下午茶時間

茶點 ①
請與朋友分享考一百分的感覺與考零分的感受。

茶點 ②
你認為能背誦《心經》與能領悟《心經》，何者重要？

茶點 ③
你比較欣賞學習動機高的學生，或是學業成績高的學生？

茶點 ④
怎樣能夠減輕入學考試的不良副作用？

茶點 ⑤
如果你是一位大學校長，你想要透過什麼樣的方式，選拔適合就讀的學生？

第十章
主人是誰

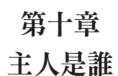

「洞穴裡的燭光，也許只照亮了影子。」

當我們去動物園遊玩時，有時候，我們會懷疑，到底是「人看動物」還是「動物看人」。在評量的世界裡，我們往往也會有類似的迷思。「應試者」這個主體很可能被遺忘了，或者變成眼前試卷的奴僕，這絕對是不利學習的情況。我們應該試圖反客為主！

據此，在我們接續討論評量的形式與所發展的題目類型時，我期望各位讀者，皆能時刻謹記上一章的觀點，並以「主人視界」來看待本章即將要討論的內容，這樣讀者們就能夠避免陷入為考試而進行評量的盲點（主人不應該成為奴僕）。在接下來的段落裡，我將先以評量的形式為開頭，然後在概念上深入探討保守派與解放派所傾向的評量方式，之後再具體深入各種（紙筆）評量題型的特點與注意事項。

第一節　兩大評量類目

　　在接下來的討論裡，我想要從評量被實施的時間點，探討關於評量的兩個普遍通用專有名詞—（1）**形成性**評量與（2）**總結性**評量。這兩類評量的差別在於，前者總是發生在後者之前，而要正確地看待後者就必須了解前者的特性。

壹 形成性評量

　　一位學生從學期開始至學期結束之前這段期間，會有許多次的機會被評量。這些評量可以是老師所發起的隨堂測驗，也可以是學校所發起的定期考試，不論是何種測驗，目的都是在檢驗學生的學習程度是否到了某個應該形成的階段，其主要功能在於提供教師與學生回饋訊息，藉以明瞭階段性學習目標的達成與否。

　　形成性評量的要點在於觀察學習者的進步情形，因此它牽涉了（1）知識與技能的錘鍊，（2）平均值的考量，以及（3）重複測量的概念。當檢視學習者一系列的形成性測驗分數時，你會發現以上三要素賦予你眼前的分數極大的積極意義。請參看表10-1讓我們更深入探討其中意涵。

表10-1　韓語文課程之形成性評量

	韓語發音 （09/01）	韓語聽力 （10/01）	韓語會話 （11/01）	初階韓文 （12/01）	進階韓文 （01/01）	韓劇演出 （02/01）
阿里郎	94	99	99	91	89	70
台灣郎	82	86	90	93	95	97
桃太郎	91	89	86	76	65	95

註：滿分為100。

　　從表10-1裡評量分數的呈現，我們發現，阿里郎這位學生除了「韓劇演出」此項測驗分數出人意料地低落之外，其餘五項分數之間的差距並不是很大，因此你大可以把前五項分數加以平均化，以求得阿里郎在韓語文課程形成性評量的平均表現。對於韓劇演出的表現而言，很明顯的，這並不是因為沒有認真學習韓語文的結果，影響很可能來自於不擅於戲劇表演，因此我們應該個別看待此項分數。

接下來，讓我們看看台灣郎的分數。這位同學從最基礎的發音，到困難的韓文書寫，呈現穩定的進步表現。這暗示了他在韓語文課程方面的知識與技能上，得到了優質的錘鍊。在最後一項韓劇演出的表現分數上，我們可以看出，台灣郎成功地結合了個人韓語文能力與其他潛在的良好特質（例如，表演潛能）。

最後，讓我們來看看桃太郎的表現。以前三項分數而言，桃太郎同學的表現處於穩定的高分狀態，但是到了初階韓文的測驗上，分數陡然下降，到了進階韓文情況更糟。這暗示了桃太郎在這兩項測驗分數上面有必要進行重複測量。第一，我們需要找出測驗工具本身，是否隱藏了使桃太郎作答處於不利地位的題項。第二，重新施測，讓我們確認桃太郎在這兩種能力上是否需要加強。而在韓劇演出的表現上，宣稱桃太郎與台灣郎的表現在伯仲之間是適宜的。

另外，我們尚須注意，韓語發音是最先被測驗的能力，這也暗示了往後的韓語文能力，是奠基於先前的能力之上的。例如，初階韓文學不好就很可能影響了進階韓文的成績。因此，形成性評量的功能之一是診斷學習，藉由階段性的評量，提醒學習者應該注意的地方，避免虛耗光陰。但是我們不要忽略了，過多強制性評量所帶來的不受歡迎後果，很可能會傷害學習者的學習動機。這造成了學業成績高，但內在學習動機低落的奇怪現象[註一]。

貳 總結性評量

　　總結性評量發生的時間點，通常是在一個或多個單元的結束之處、學期末或是有關升學或升級的考試，其主要功能是呈現學習者的**總括**學習成果。它的測驗內容通常不會超出形成性評量的範圍，然而它的題型卻可以比形成性評量稍微複雜一點，因為它可以綜合形成性評量的元素，進行整體化能力的測驗。

　　我們應該注意的是，總結性評量由於是一種總括式的測驗，它所呈現的分數也應該以同樣的高度視之。例如，在夏季奧運現代五項得冠軍的選手，有可能其中一項分數（比如，游泳）不如亞軍選手。因此，以為五項冠軍就是在每一項都超越其他選手的這種想法，未免失之偏頗，這種偏誤導因於我們沒有以同樣的高度來看待總結性評量所要呈現的意義。

　　總結性評量所呈現的結果，蘊含了學習者的（1）綜合能力與（2）平均表現。因此，雖然總結性評量的結果往往是單一的分數，它還是必須以平均數的概念被看待。據此，宣稱九十一分的學習者優於九十分的學習者是有點牽強的，因為後者有可能在某種（或某些）能力上≥前者。主張九十一分的學習者，優於八十分的學習者，似乎是比較合理的說法。

　　因此，以總結性分數當作排名的依據確實是有失公平，尤其是當分數差距不大的情形時。這或許也部份說明了，為何

那些必須面對升學考試的教育機構，不得不對於「追求高分」
是這般地癡迷，因為差了零點五分，很可能就會使學習者在入
學的機會上有著天壤之別。

叁　小　結

　　以上所介紹的形成性與總結性評量都是量化（連續分
數）性質。然而，這兩種形式的評量也可以屬於質化（文字
描述）性質。請回顧我們的原始人範例，如果這位原始人
在（1）應用器械獵殺動物，（2）使用器材烹煮食物，以及
（3）尋找安全棲身之處，這三項形成性評量的成績上，得到
的是「通過」二字，那麼他很可能達到總結性評量的要求—生
存在這個森林密布的高山裡。

　　不論你是採用量化或者是質化的評量，請謹記著以平均
這個概念，詮釋呈現在你眼前的「分數」或「文字描述」，
因為即使是金屬也有疲勞的時候，何況你所測量的是活生生的
人，只要是人，表現狀況就會有起伏。

第二節　不同門派所青睞的評量方式

在第二章裡，我們首先探討了解放派與保守派在教育理念堅持上的不同之處，而評量方式更由於其所主張課程與教學的差異，而有各自不同的類型。我們可以這麼說，此兩派傾向的評量形式並不是刻意設立的，而是依據各自的教育理念自然發展出來的。在本節裡，我想要在概念上更詳細地詮釋屬於這兩派的評量方式。

 壹　解放派傾向的評量方式

解放派的課程與教學傾向於給予學習者更多的思考空間，因此其評量方式如果不能符合此一特點，就無法真實反映學習者的能力。據此，學習者往往需要長時間的（1）思考與（2）動手，才能完成一份屬於解放派的評量。以下就讓我們先來探討兩種主要的解放派評量方式，它們是檔案評量與實作評量。

檔案評量泛指對於學習者學習檔案的評鑑。哪些學習成果能夠成為學習者的學習檔案呢？比如說，一系列的學習單、校外教學的照片、社區服務的心得感想、作文的紀錄、網路教學的互動文字、寒暑假做家事的視訊影片、個人的閱讀計劃、

培育植物的標記卡等等。有些時候，同一個主題可以從學期初開始一直延續到學期末。於是，一整個學期下來，學習者如果都能仔細保留這些東西，就可以累積成一份厚重的學習檔案，而教師透過閱讀這些資料來理解學生可能發生的學習效果。此外，對於學習者本身而言，檢視自己或他人的學習檔案，能夠從一個**更高的視野**明白自己的學習成果，進而更上一層樓。這類似於《論語》所述：「知之為知之，不知為不知，是知也。」

　　如果學習者要完成的是一份實作評量，那麼很可能是一件美術展覽作品、一架小飛機、一尊機器人、一個微型衛星、一株開花的玫瑰、養活的土虱、個人廣告網頁、調查社區古蹟並立法保護、小組合作蓋好一間竹屋並且當作戶外教室，這些教學活動的設計概念，注入了學習者要**實習所學**的觀點（請參閱authentic learning此名詞）。實作評量與檔案評量的主要差別在於動手的程度。以檔案評量而言，每次的隨堂檢核也可以被歸檔入個人的學習檔案，但是這樣的資料很可能就不能算是實作評量的範圍了。然而，實作評量的學習紀錄（例如，照片、紀錄表、報告）卻是個人學習檔案的一個重要來源。

　　從以上的討論我們可以發現，不論是檔案評量或是實作評量，都需要長時間的累積才能完成，而教師透過這兩種評量所給予學生的回饋，也往往不是**連續分數**形式的東西，這些回饋可以是檢核表或一段評語，甚或是要求學生互評或自評。由此我們可知，解放派的評量形式具有**多元**的特性。

貳 保守派傾向的評量方式

　　保守派的課程與教學強調學習者的基本能力，這些能力無關於學習者是否能與人合作並設計建造一間竹屋，而是有關於學習者是否能確實進行數學解題、單字的習寫以及擴充地理或自然科學知識等等能力。為了在有限的學校時間，照顧這些能力，評量方式就傾向於紙筆模式，透過學生在考試卷上面的表現，教師得以一窺學生在這些基本能力的學習上面是否達到了要求。

　　紙筆模式的評量，在校內可以隨堂評量以及定期評量的形式實施，出了校園以外，就以入學或求職考試的形式出現。由於如此多的場合需要使用紙筆評量，為了測驗題目的代表性，並且能適用於大範圍的考試（例如，全國性升學考試），「標準化」就逐漸變成這些測驗所要追求的目標。

　　為了理解標準化測驗，我建議讀者把以前在中學讀書時，學過的**數學常態分配**（normal distribution）**模型**複習一下。一個數學常模讓我們了解，集中趨向的分數是最多的分數，而愈向兩邊就逐漸遞減至趨近於零。以一份標準化的升學考試而言，趨向逐漸高分與趨向逐漸低分的人數會愈來愈少，而人數最多的會集中在眾數附近。據此，如果一份測驗的施測結果趨近這種常模理論，我們就說此份測驗具有某種標準化的特徵。如果使用一份非標準化測驗（換句話說，此份測驗可能

不具有令人滿意的鑑別力）當作升學評量，那麼結果將會是非常曖昧的。除此之外，我們也不要忘了，就算是符合標準化特徵的升學測驗，也脫離不了其屬於總結性評量的本質。

因此，從以上的討論我們可以發現，保守派所能使用的評量方式具有高度的限制性，此限制性源自於保守派課程與教學的理念，這種現象使得紙筆測驗成為保守派最普遍，甚至幾乎是唯一的評量方式。

最後，我願意不厭其煩地再次提醒一點，那就是慣於解放派評量形式的學習者，很可能對於「正確答案」有著更為廣泛的想法，這是由於其學習過程被鼓勵自發性地提出自己的辦法與見解。相反的，慣於保守派評量的學習者，卻只對能夠獲取高分的正確答案有興趣，這兩種思維與學習方式，很可能使這兩派學生，在標準化測驗的表現上，有著不同的起點。

第三節　紙筆評量的題型

我們即將在本節裡討論的評量題型，被普遍應用於紙筆測驗的模式。這些題型分別適用於不同的測驗內容，它們也可影響作答的難易程度，而在降低作答猜對率的措施上，所採用的概念—增加誘答—是相同的。

壹　是非題

　　此題型適用於基本概念或事實上的診斷，因此題幹論述必須（1）直接且（2）清楚，避免造成曖昧式的作答。為了滿足以上兩個特點，是非題應該是簡短的、不具有想像空間的、沒有複雜邏輯的，而要診斷的概念或事實通常只有一個。讓我們參看以下的例子。

> A-甲例（○）美國民權領袖，馬丁・路德・金，被刺殺於1968年。
>
> A-乙例（○）美國民權領袖，馬丁・路德・金，被刺殺於1965-1970年間。

　　A-甲例的答案很明確地指出，應試者對於年代的認知是很清楚的。然而，A-乙例不免讓我們懷疑，應試者是否真的確認了正確的答案，因為應試者心目中的答案很可能不是1968年，而是1970年或是1966年。讓我們再繼續參看以下的例子。

> A-丙例（×）6 + 5 × 3 = 21。
> A-丁例（×）5 × 7 = 35。

A-丙例的答案顯然是錯誤的，但是我們無法確知作答者錯誤的概念為何，因為有可能作答者（1）不懂加法，或是（2）不熟悉九九乘法，甚或是（3）不懂四則運算的規則，如果是這樣的話，評量的診斷功能就無法體現。回答A-丁例的應試者，卻很明顯地讓我們知道其九九乘法的熟悉度不夠。因此，測量綜合概念的題目，比較不適合以是非題的形式出現。以A-丙例而言，計算題應該是比較得當的題型。

　　是非題型的一個值得讚頌的功能是把問題簡化。出題者可以把記憶類的考題以是非題的形式出現，這使得應試者能夠獲取線索以比對腦中的記憶，減輕了作答者的負擔。如果同樣的問題出現在其他題型（例如，填空或簡答），勢必加大了作答者記憶力的使用率，增加許多的困難度，這很可能會挫敗學習者往後的學習動機，誤導其學習方向（例如，把大部分的時間花在死記一堆知識上頭）。

　　當然，這種題型的缺點是猜對率似乎過高。如果有十道題目，一半的答案是○，而另五道題是×，那麼只要從頭到尾填一種答案，答對的題項也會有五題。因此，這類題型應該不能佔據一張考卷的大部份版面才是，以免喪失一份測驗所想要具備的功能。

貳 選擇題

　　選擇題可以說是最被普遍應用的一種題型，幾乎任何形式的問題，都可以選擇題的模式出現。例如，如果你覺得是非題的猜對率過大，你大可以合法地轉化為多個誘答的選擇題，誘答越多，猜對率越低。你甚至可以使用此題型診斷應試者的作文結構能力。不論是作為何種題型的替代形式，選擇題的（1）題幹敘述最好是一句完整的直接肯定敘述句（避免閱讀上的困難以造成曖昧的答題），並且（2）誘答的性質須一致（避免猜對率的提升）。讓我們繼續參看以下的示例。

A-甲例（◯）美國民權領袖，馬丁·路德·金，被刺殺於1968年。

B-甲例（②）美國民權領袖，馬丁·路德·金，被刺殺於何年？
（①1971　②1968　③1964　④1957）。

B-乙例（②）美國民權領袖，馬丁·路德·金，於
（①1971　②1968　③1964　④1957）年被刺殺。

B-丙例（②）美國民權領袖，馬丁·路德·金，被刺殺於何時？
（①1970年代　②1968年　③1950年代　④1940年代）。

從以上的範例裡，我們可以發現，透過轉化為選擇題，A-甲例的猜對率（50％）陡然降低為B-甲例的猜對率（25％）。你還看出了B-甲例有哪兩大特點嗎？它們是關於題幹敘述與誘答性質的一致性。以B-乙例為對照，其題幹敘述中斷不完整，會造成答題者閱讀上的困難，而B-甲例就沒有這方面的疑慮。以B-丙例為對照，其誘答有年代也有年，這等於是給答題者猜測的線索了。另外，如果誘答有順序的關連性，請依照順序排列，甚至誘答的字數也最好統一，這些做法都是為了避免給答題者任何的猜測依據。接下來，讓我們繼續參看選擇題如何能測驗受試者的作文能力。

①　三綱者，君為臣綱、父為子綱、夫為妻綱
②　在以民為主的社會裡，或許三綱已然失去其必要性
③　古語說：「治國之道乃三綱五常。」
④　然而，五常確實是一位領導者不可或缺的人格特質
⑤　五常者，仁、義、禮、智、信

B-丁例（4）請排序以上五句話，選出一個最適合的答案：
　　　（1.④⑤①②③　　3.③⑤①④②
　　　2.⑤①②③④　　4.③①⑤②④）。

B-戊例（①）如果上列五句是一篇文章的第一段，請問這篇文章的題目最有可能是下列何者？
　　　（①論國君　②論禮儀　③論道德　④論社稷）。

以上的例題，需要作答者在寫作能力之「開頭至論述」此一過程上，有正確的認知。以此例題而言，開頭以古語點出，接著依序展開論述，最後話鋒一轉，主題驟然明朗。如果答題者沒有類似寫作的經驗，或者不具備基礎寫作知識，很可能在這類問題上無法得分。另外，讀者注意到了B-戊例的誘答了嗎？它們完美地呈現「一致」的特性。

雖然選擇題有如此「多功」的性能，但是它還是無法取代解放派所主張的實作評量。例如，我們似乎無法信心滿懷地宣稱，一位能正確回答以上有關寫作選擇題的學生，就必定能寫出一篇文章。這也是標準化測驗（選擇題為主要題型），被解放派人士譏為無法評量學習者高層次思考能力的主要原因。此外，依據我的教學觀察，以選擇題測驗「沒有標準答案」的問題，也常常挫敗了學童的原創思考。

叁 配合題

配合題和選擇題的相同之處在於讓應答者於一些誘答當中挑選一個最適宜的答案，不同的是，配合題給予答題者較多的線索。然而，我不敢說配合題在作答上比選擇題更為簡易，有些時候，更多的訊息可能會癱瘓作答者的意志，結果是整大題全盤皆錯。此類題型的注意事項如同選擇題，不過還要多加一點，那就是誘答的數目要大於正確答案的數目，這樣做的理

由也是為了降低猜對率。讓我們參看以下的範例：

參考答案：

①八陣圖 ②下江陵 ③黃鶴樓 ④漁歌子

⑤泊秦淮 ⑥金縷衣 ⑦暮江吟 ⑧竹枝詞

請參考以上答案並把作者與作品配對，每題一個答案：
例題─張志和（④）。
1.杜秋娘（⑥）。 2.李白（②）。
3.崔顥（③）。 4.杜牧（⑤）。

以上的範例很好地呈現了配合題的一個大要點，那就是參考答案（八項）多於正確答案（含例題五項）。之前說過，這樣做的原因是降低答題者猜對的機率。另外，這些參考答案都是三個字的唐詩題目，符合誘答一致性的特點。讀者很可能已經發現，要能完整地答對這樣的配合題，應試者須熟稔唐詩才行，否則，光是一堆配對的訊息，就足夠讓人眼花撩亂，不知所措了。

肆 其他題型

在大部分的標準化測驗裡，你會看見極少的是非題、一些配合題、或是一兩道短篇作文題（很可能獨立計分），而佔據大部分版面的題型為選擇題。由此可知，選擇題確實為一種多功能的測驗題型。然而，在一般的校內定期考試或者教室內隨堂測驗裡，你還會發現諸如簡答題型、填空題型、計算題型、應用題型。事實上，這四種題型都可以被轉化成為選擇題、配合題、是非題。然而，如果是數理評量，教師為了診斷學生是否確實學會基本計算能力或數理應用能力，計算題與應用題就變成了重要的角色。

如果一份測驗充斥者簡答題、填空題或計算題等需要應試者動筆寫下一段文字、一個詞語或一條公式來回應，那麼此份測驗的標準化就變得相當困難。這是因為筆跡、錯字、曖昧訊息的困擾、或評分者主觀判斷的關係，使得影響分數的變數已然是無法被有效控制在希望的範圍內了。

據此，作文題型也有相同的困擾，所以即使是電腦化的作文測驗（打字作答，沒有字跡好惡的問題），也往往是獨立計分的，大部分的學校，也只向「門檻分數」看齊，換句話說，考生的作文分數只要達到門檻分數，就可獲得被錄取機會，並不把作文分數併入總分，而不算少的美國研究所，甚至（在研究所入學評量上）不會照單全收標準化作文測驗分數所

能代表之宣稱價值。（門檻分數很可能僅僅代表了應試者的作文具有「清楚的寫作邏輯」。）

第四節　警示

　　本章探討了許多關於標準化測驗所應具備的特點。我們知道，升學（或入學）測驗，如果想要取信於大眾，就必須要進行標準化的程序。在本章尾聲之處，我想要陳述一件事實，那就是不管是在台灣或者是在美國，能進入知名大學就讀的學生，大多數都具有良好的家庭背景 (例如，中產階級)。這暗示，「升學測驗很可能較有利於富裕背景的學生」。然而，我這樣說並不代表本人舉雙手贊成或反對解放派／保守派的做法，雖然標準化測驗所普遍採用的選擇題型，被解放派擁護者視為僅僅不能有效評量應試者的高層次思考能力。

　　有些時候，教師不得不把評量看得比課程、教學、甚或是學生的學習動機更重要。這種行為的主要壓力很可能源自於（1）不良的教育政策，（2）不民主的學校行政，或（3）家長的錯誤期待。然而，實際上，大部分的學生確實對於「考試」並沒有過多的好感，濫用評量只會讓學習者遠離學習。如果是學習遲緩的學生，不斷地接受低落分數的暗示，那麼結果也就是其學習意志的癱瘓。如果整個教育體制無法把握住平衡點，那麼關於「上學回報大於所付出代價」這樣的期待，就不可能趨近於現實。

相信大部分的讀者，都同意評量的某種作用，但是卻忽略了課程、教學與評量之間的緊密關聯性。我們應該謹記，什麼樣性質的課程就需要什麼樣的教學，而這也就導致了什麼樣的評量設計。不當的評量無異於強灌幼兒正確答案，同等於剝奪其天生的創造力，也影響了往後的理解能力以及適宜行為的能力。

　　另外，我想要這樣宣告，一份「優秀」的評量，或說一份「好」的測驗，**如果出題者完全沒有考慮應試者的處境，那麼這所謂「優秀」或「好」的品質，就無法被體現。**

　　最後，我們都應該謹記，「技巧不用就會生鏽」，我們應該接受這種自然法則。然而，許多人似乎堅持不接受評量結果之於「時空」的敏感性。這種「迷信」導因於一顆鈍化的心智，會為自己或他人帶來不必要的痛苦。

　　　註一：我曾經在網路以及報紙上，看過一則不算小的新聞。大意是說，台灣學生的數學紙筆測驗分數，與其他國家相比並不低，但是喜歡數學的態度（或說自主研習數學的內在動機），與他國相比之下並不高。

茶點 1

用手捏腰部贅肉來評量「減肥是否成功」合適嗎？

茶點 2

有人質疑不排名評量結果怎能體現競爭呢?對於這樣的問題，身為家長的你選擇下列何者？

　　1.寧願孩子自由學習也不要去競爭。

　　2.排名有助於孩子的學習。

　　3.以上皆非。

茶點 3

醫學資格的評量是否應加入「實習所學」的觀點？

茶點 4

請回想一下，你喜歡老師採用什麼樣的評量方式？

第十一章
錯估與迷惑

「登高望遠看不見自身的卑微。」

由於有許多因素可能會影響一份評量所能代表的確實意涵，因此當我們拿到一份測驗成績時，在我們的心目中應該存在兩種評斷，一種是眼前所見的評斷（例如，考試分數、慢跑的秒數），一種是你自己心中對於眼前所見評斷的評價。如果這兩種評斷接近一致，那麼這份測驗所能代表的意義不應該被強烈質疑。相反的，如果這兩種評斷有所差距，那麼隨著差異的增大，懷疑就會愈強烈。本章裡，我們就要來探討會讓你的懷疑增加或減少的主要因素，這些因素來自於評量本身。它們是評量的（1）鑑別力，（2）可信程度，以及（3）有效程度。最後，我想要談談令人產生困擾的標準化作文測驗。

第一節　評量的鑑別力

　　假設有一份試卷（或檢核表）讓全班三分之二以上的人信心重挫，那麼我們就要考慮是否此份測驗的難度過高。相反的，如果全班都拿滿分，那麼也許這份評量過於簡單，沒有辦法滿足「診斷不同學生程度」的目標。一份對於應試者而言過難或過於簡單的評量，在許多的場合是少有鑑別特性的（此處，我們須注意，一份評量的鑑別力源自於應試者）。為了避免這種困窘，在形成性評量時，透過**正確答率／正確通過率**（正確通過率可用於解放派的評量形式）的篩選來建立題庫是有助益的。讓我們參看表11-1。

表11-1 初階統計學評量（一）正確答率分配表

題　　號	1	2	3	4	5
答對人數	2	31	80	55	97
應試人數	100	100	100	100	100
正確答率	2%	31%	80%	55%	97%

註：應試者為大學二年級生。

從表11-1我們發現，第一題的正確答率只有非常低的2%，這可能意味著（1）此題對於這一百位應試者而言是很難的，或者（2）題目的設計有潛在的問題（例如，超出應試者的學習範圍，題幹敘述令人感到迷惑等等）。在排除了第二種原因之後，我們就可以把此題歸類入「難度極高」的題庫裡。同樣的道理，如果沒有潛藏的困擾，第五題就可以被歸類入「難度極低」的資源庫裡；第四題可以被歸類入「難度一般」的類目裡；第二題屬於「難度高」，而第三題可以被放入「難度低」的試題庫。

有了附註正確答率的題庫，出題者可以有根據地避免設計一份毫無鑑別力的評量。一份具有鑑別能力的評量，很可能同時具有上述五種難度的試題。當然，題庫必須龐大以符合（1）隨機原則，並且是保密的以（2）避免作弊效果。但是在一般情況下，校內的非標準化測驗很少會建立我們所討論的題庫。然而，教師還是可以透過形成性評量（例如，隨堂測驗）的回饋，避免設計出一份不恰當的總結性評量（例如，學期考試）。

但是，如果一份評量只是要了解學習者是否達到了最低程度的要求，那麼這整份測驗的鑑別力只須停留在「通過或有待加強」的概念上。據此，正確答率的一致性（而非多樣難度），才是此份評量所包含項目的準則。

最後，我想要提醒讀者一點。你很有可能在其他的地方看見關於鑑別力的問題，請你小心謹慎並且不要與此處所討論的鑑別力產生混淆。我想要舉一個很簡單的例子。例如，憂鬱症量表只需要鑑別「憂鬱」這個心理建構，它的鑑別力很可能

只需要具備「憂鬱與否」的功能，它所包含的題項並無正確答率的根源依據，這和我們在此處所討論的鑑別力，並不能說是完全相同的概念。

第二節　評量的可信程度

相信各位讀者都聽過「三人成虎」、「眾口鑠金」、「曾參殺人」這三句成語。它們的部份大意是這樣的：「一個人的證詞，往往不如多個人的證詞那樣地讓人信服。」我想要你也以同樣的道理來思考一份評量的可信度。

因此，眼下評量是否可信的依據是「在**重複**的情況下，結果是否一致」。一份具有相當**信度**的評量會具有下列三點特性：（1）在不同的評分者之間存在合理的微小差異，（2）假設關於課程與教學的因素相等的情形下，甲校與乙校的評量結果會趨於同類型的分配曲線[註一]，也就是說，其呈現出來的結果類型是相似的，以及（3）在測量小學生數學能力的試卷裡，不會出現大學微積分或自然觀念的問題，換句話說，試題的「某部分」不該超出「應測量範圍」，如果試題的某部分超出了應測量範圍，那麼很可能這某部分就與其他部分的結果會不一致。

這也就是為何一份測驗在邁向標準化的過程裡，必須捨棄那些具有評分者間因素（個人好惡而影響評分）的題型（例

如，簡答題、作文題）而偏好選擇題、是非題、配合題了（因
為這些題型僅僅需要應試者填入代號）。這種做法確實是為了
提高評量的可信程度。

　　我想要在此呈現適合標準化作文測驗的評分方式，以詮
釋上述的第一點特性。標準化測驗裡的作文可能需要三位評
分者，這種情況會使得一篇作文有三項參考分數，以這三項分
數為觀察範圍，一定存在兩項比較接近（較為一致）的分數，
然後求取這兩項分數的平均數，當作此篇作文的實際得分，藉
以盡可能地呈現此篇作文應試者的可能寫作能力，請參看表
11-2。

表11-2　標準化作文測驗的評分過程

應試者	評分者甲	評分者乙	評分者丙	實際得分
洋子	6	5	2	(6＋5)÷2＝5.5
喬治	6	5	5	(5＋5)÷2＝5
瑪莉	6	5	4	5
約翰	6	4	2	4

事實上，以上所介紹的方法，類似於射擊的調校原理。第一發砲彈過遠的話，那麼第二發砲彈就要近點，第二發砲彈過近的話，那麼第三發砲彈就要比第二發遠點，技術好的射擊手通常第三發砲彈就可以命中目標。以表11-2所呈現的訊息而言，有一項分數當作其他兩項分數的對照，雖然這項分數面臨著被拋棄的命運，但是它在完成使命之前，卻是不可或缺的角色。但是，讀者會發現，即使是使用了這樣的做法，你還是無法全然相信洋子的作文能力高於喬治。據此，作文測驗如果只有兩位評分者，那麼所得的評量結果很可能是不可信的。

　　如果說甲乙兩校具有同樣的學校課程以及同樣素質的教學，而這兩校的學生組成類型又是相同的，那麼把一份具有相當信度的評量，施測於這兩校所獲得的結果，應該是呈現同類型的次數分配曲線。換句話說，如果這份測驗在甲校呈現偏向高分的曲線，同樣的結果也應該出現在乙校。這解釋了「有信度」評量的第二點特性。

　　一份具有相當信度的評量，其內部所包含的各種題項，也應該具有高度的相關性。如果在一份中學數學試卷裡，囊括了大學程度的數學問題，那麼這份試卷的**內部一致性**信度就會降低。據此，以新聞時事或方言命題，因為這部分很可能超出了應試學生的校內所學，使得其他部分得高分的學生在這部分得了低分，所以也會降低了這份試卷的信度。以上回應了「有信度」評量的第三點特性。然而，如果你遭遇了上述的情況，並且對你說：（1）這是為了提高試題的難度，或（2）考試本來就沒有範圍，那麼我建議你對此人的專業背景提出合理的強烈懷疑。

第三節　評量的有效程度

在上段對於評量信度的討論裡，我使用了三句令人耳熟能詳的成語。然而，它們形容的是「謠言的可怕」。因此，你很可能會因為有多人的證詞而相信曾參殺了人，但事實是他並沒有犯下如此罪行。換句話說，相信曾參殺了人只是第一階段，有沒有對應的事實發生尚須確認。我建議你以同樣的道理來思考評量的**效度**議題。

據此，一份評量很可能具有相當的信度但是具有可忽略的效度。也就是說，即使是通過一致性的考驗之後，你也很可能會懷疑眼前的評量結果是否真能有效地指向其對應的事實。以作文評量為例，你很可能會質疑被評估的是寫作思維能力，或者是字跡美觀。

然而，不具一定信度的評量其有效性必定會大打折扣。因此，**信度是效度的重要條件**。這就像是你必須先相信有鬼魂的存在才有可能看見鬼。如果你根本不相信這世界上有鬼，就算是它出現在你的眼前，在你腦中所出現的形容詞也不會是「鬼魂」二字。

如果一份評量的標題是「初級統計學」，那麼為了提高這份測驗的效度，請多位具有聲譽的統計學教師，檢閱這份試卷所含的任何題項，是個可行的做法。這就是所謂的**專家效度**（也稱內容效度）。當然，你也可以採用「相關性」的概念來

確認眼下的評量，是否具有可接受的效度。例如，一份高級統計學測驗的結果，應該與一份初階統計學測驗的結果，具有良好的正相關性【呈現出高分（高級統計學測驗分數）對應高分（初階統計學測驗分數），低分（高級統計學測驗分數）對應低分（初階統計學測驗分數）的大致傾向】，而一份作文評量的結果，應該與一份字跡美觀與否的測驗，具有可以被忽略的相關性，因為作文評量之標的在於「寫作思維」。

第四節　以信度與效度歸類評量

　　要探討一份評量，不免就會接觸到信效度的議題。據此，我們可以把評量歸類入四大類目，這種方法能夠讓我們篩選你眼前所見評量的品質。這四大類目是（1）具有信度也包含效度，（2）具有信度但不具有令人信服的效度，（3）不具有信度但有某種效度，以及（4）不具有信度也毫無任何效度。

　　如果一份統計學試卷是由統計學教授所設計，並且經歷了信度程序的考驗，那麼這份試卷大致可以被歸類入第一種類目；如果這份統計學試卷是由英文教授所設計，並且重複施測的結果一致，那麼這份試卷能夠被歸類入第二種類目；如果此份統計學試卷是由統計學教師所設計，但是重複施測的結果太不一致，那麼此份試卷或許可以被丟入第三種類目；如果設計此份統計學試卷的是美術講師，並且在他的觀念裡，信度概念

是毫無價值的，那麼我們可以胸有成足地把此份試卷歸類入第四種類目。

完全符合第一種類目的評量是珍貴且稀有的，很多評量是屬於第二以及第三種類目，不幸的是，許多人並不具備信效度的概念，這導致大部分的評量，不得不被歸類入第四種類目。

如果你是一位教師，並且具備信效度的觀念，那麼**經驗法則**可能讓你隨手設計出一份具有相當信效度的評量，這種技巧對於學校教師而言是非常重要的，因為他們沒有那麼多的時間，在每一份測驗上，進行標準程序的信效度考驗。

綜上所述，如果您的孩子非常懼怕學習，除了考量課程與教學因素之外，請也想想，是否是不具相當信效度的評量，日漸地侵蝕了您孩子的學習動機！

第五節 標準化作文評量

稍早我們談論了適合標準化作文評分的程序。然而，這樣的程序只是為了降低評分者偏誤所帶來的不良影響，並不代表此程序被標準化了。為了標準化此程序，必須規定每一級分的評分準則，而評分者根據這份評分指南，決定手邊的這篇作文應獲得的評價。這種標準化評分準則的範例請參考表11-3。

以表11-3的評分準則而言，同一篇作文在評分者甲的看法下，可能獲得六級分的評價，而在評分者乙的看法下，卻很有

可能得到五級分的評價。所以，雖然是標準化的作文評分，也完全避不開評分者的主觀偏誤。然而，有這些標準化評分準則以企圖**等距化**作文評分量尺，總是強過毫無章法地給分。例如，有的評分準則是這樣註明的：字詞正確30%、標點符號5%、段落15%、論述安排40%、詞藻10%。這很可能導致漫無條理地給分。比如說，同樣是些微字詞錯誤的問題，第一篇文章可能只被扣了三分，但是到了第五篇文章可能就被扣了六分。因此，到最後你會發現，有許多文章確實遭受到了不公平的待遇。

　　讓我們再回過頭來看表11-2裡洋子的分數。如果以表11-3的評分指南來看，相信你一定豁然開朗，為何要使用三位評分者來評量一篇作文。假設洋子的作文只被評分者丙評分，很顯然地，洋子就剛好遭遇了不公平的對待，而如果把這三位評分者的給分加以平均，並當作是洋子的實際得分，也無法彌補差距過大的傷害。因此，把一項差異過大的分數視為**離群值**並加以剔除不計並非違法。

表11-3　標準化作文評分準則

零級分	同等於沒有作答的情況。
一級分	無陳述觀點，段落不明，論述不明，明顯用字遣詞或標點錯誤，總字數沒有達到要求。
二級分	觀點隱諱，段落不明，論述不明，明顯用字遣詞或標點錯誤，總字數達到要求。
三級分	觀點隱諱，有段落格式，論述不明，明顯用字遣詞或標點錯誤，總字數達到要求。
四級分	觀點明顯，有段落格式，有論述，一些用字遣詞或標點錯誤，總字數達到要求。
五級分	觀點深入，段落清楚，論述通順，或有用字遣詞或標點錯誤，總字數達到要求。
六級分	觀點深入，段落清楚，論述精闢有理，無用字遣詞錯誤，無標點用法錯誤，總字數達到要求。

如果按照表11-3的準則下去評分，那麼就較有利於擅於寫論說文的應試者，因為論說文的結構符合這六級分的規準。讀者或許也已經發現，過於具有「想像力」的作文題目，也會讓應試者脫離論說文的寫作方式。假如你是一位擅於寫詩詞或小說的應試者，你很可能無法在這樣的評分準則下獲得公平的對待。以上都是我們必須留意的不公平現象。我想要做出這樣的宣稱：「標準化作文評分準則，很可能無法給予具有浪漫主義靈魂的文章應有之評價。」

第六節　警語

經過了以上的討論之後，讀者也許會認為，信度與效度議題僅僅適用於量化的評量。換句話說，只有呈現「連續分數」的評量，才須照顧到信度與效度。這完全是一種錯覺。我想要在此強調，信度與效度不僅僅是量化評量的重要考慮因子，也是優良質化評量的必要條件。換句話說，如果表9-1裡檢核表的設計，不符合其教學目標，那麼這份實作評量就缺乏效度，也因此而難以取信於人。同樣地，鑑別力的考量也適用於這兩種性質的評量。

在應用統計學的世界裡，「相關性」的概念被普遍應用於信度與效度的估算上。同樣地，不管是量化或是質化的資料，都可用同樣的概念進行數字式的推算。換句話說，即使手上只有「成功／失敗」這樣的類目式訊息，也可以使用統計公

式，進行相關性的估算而產生數字式的信度與效度估計值。

　　此外，以統計方法計算出一份評量的鑑別力、信度與效度估計值，這三項數值都是源自於應試者所提供的訊息。據此，這三項數值的適用與否，端看評量是否正確施測於其目標群體。例如，一份具有良好鑑別力、高信度以及高效度的數學微積分試題，施測於國小學生，就會變得毫無鑑別力、極低信效度。不幸的是，許多人並不細心體會這種觀念，進而誤認了施測結果所呈現出來的意義。

　　由於針對標準化評量的渴求是如此地強烈，而標準化特質的形成又與數學常模、信度、效度、鑑別力等因素有著密不可分的關係，所以近代就發展出了**項目反應理論**（item response theory, IRT）來有效益地處理這些相關因素。項目反應理論巧妙地改進了標準化一份測驗所必須使用的程序，而在電腦普及的現代，IRT的實踐簡直是如魚得水。

　　然而，要能確實履行IRT，很可能要在實務面做到「個人適性答題」的情況。這只有把經過精心設計的龐大題庫放入電腦，讓電腦依據應試者的答題行為，進行以試題難度為分層的隨機性丟題才能真正做到。換句話說，應試者是坐在電腦前面答題，而不是拿著筆在答案卷上面塗鴉。但是，令我非常驚訝的是，居然有人採用傳統的紙筆評量（也就是說，應試者是在一張已經印刷完好的試卷上面，使用筆作答），但卻是進行IRT的特殊記分方式，迷惑了社會大眾，這種做法，嚴謹地說，並不完全符合IRT的實務面。這種濫用理論的結果，確實使一般無知的大眾，陷入評量偏誤的危險境地。

　　雖說本章所介紹的特點，都是標準化測驗所努力追求的

目標，但是你不應該把它們視為與校內或隨堂評量無關。如果你是一位學校教師，不論是在幼稚園或是在大學裡服務，你對於評量偏誤的謹慎性，將會帶給你的學生們莫大的助益，因為你可以透過較為接近真實的回饋訊息，了解教學效果甚或是課程效果。

計算成績的方式也不宜曖昧不明，如果一位教師把模擬兩可的成績計算方式公布給學生，這無異於一種狡猾的欺騙。這讓我想起了我求學時的不愉快經驗。這位教授在每一次形成性評量結果之前加上一個稱為「預期得分」的較高分數，並把這兩個分數平均。這讓人誤以為這個平均分數才是真正納入成績計算的分數。於是，這種錯覺讓我鬆懈了學習，因為那個較高的預期得分，總是會拉高我的分數。然而，學期結束時的總結性評量卻屏除了預期得分，等我拿到超乎預期的低分時，著實讓我付出了無謂的慘痛代價。

最後，我想要提出一個觀點，那就是讓學習者有信心地迎接評量，比讓評量來嚇唬學習者以及迷惑家長更加地具有意義。我並非主張學校不可以把評量結果作為入學的參考，而教師也常常需要採用各種形式的評量，來確認學生的學習狀況，但是使用上必須非常地謹慎。在被要求以某種評量施測於學生身上時，為了**避免評量上的偏誤而挫敗學生的學習動機**，請你先要求對方提供相關的專業訊息（例如信效度、鑑別力、評量設計的根源依據與出發概念[註一]、題目的類型等等），如果對方無法拿出這些東西，你應該強調自己有合法的不信任投票權。

註一：請參考第十二章第一節關於分配曲線的論述。

下午茶時間

茶點 **1**

一位科技公司老闆把英文成績以及人格量表分數，列入招募新人的標準，這兩項結果皆採正向計分，越高分表現越好，以下是三位新人的評量結果，如果你是那位老闆，你會錄取哪一位應徵者？理由是？

阿里郎		台灣郎		桃太郎	
英文成績	謹慎性	英文成績	謹慎性	英文成績	謹慎性
80	30	70	45	90	30

茶點 **2**

請在下列括弧裡，圈出你心目中對於入學測驗的「可靠性」估計值，從 1（很難看出可靠性）至 5（非常可靠）：

（ 1　2　3　4　5 ）。

茶點 **3**

核子戰略潛艇之所以要在發射核導彈前，重複確認發射命令的主要理由是關於下列何者？（ ①信度 ②效度 ）。

茶點 **4**

你覺得作文測驗（例如，在四十五分鐘裡寫出至少三百五十字）是否是速度測驗的一種？它與「急就章」有何不同之處？

茶點 **5**

你覺得中國古代的八股文考試，與現今的標準化作文測驗，有何相似之處？

茶點 **6**

偏僻冷澀、語意不詳、或是以圖畫代替文字描述的題目，是否會影響一份評量的信度與效度？

茶點 **7**

如果你是一位考試機構負責人，你想怎麼做以賺取更多的報名費？

「一杯水等於一杯果汁嗎？」

在稍早的章節裡，我們從許多方面探討關於評量的諸多議題。它們有關於評量的定義，出題格式，分屬兩種派別（解放派與保守派）的評量形式，鑑別力，信度與效度，標準化一份評量所須注意的事項。在本章裡，我們將繼續以統計的角度，看待一份評量結果所可能透露的訊息。換句話說，我們讓統計數字來說話，但是這說話的份量可得小心斟酌！

第一節　分配曲線

以紙筆評量所產生的**連續分數**（例如，70、80、90），通常可以**次數分配曲線**（請回憶中學時代的數學）形成視覺化的訊息。這類圖表可以讓我們一眼即看出整體分數的趨向，我們再根據這些趨向，進行合理的原因判斷。

如果分配呈現**正尾偏斜**（高峰偏向低分，長尾指向高分），就表示大部分的人都拿到了不算高的分數，這很可能意味著「試題的內容使得大部分的應試者無法拿到高分」。相反的，如果是**負尾偏斜**（高峰偏向高分，長尾指向低分），就代表傾向多數的人，都拿到了不算低的分數，這很可能意味著「試題的內容讓傾向多數的作答者得到高分」。這兩種偏斜也都可能暗示著令人滿意的鑑別力沒有被達成。**無偏斜**是標準化評量努力追求的目標，它告訴我們，大部分的人集中在平均數／中位數／眾數附近，人數平衡地逐漸往高分與低分遞減，符合無偏斜特徵之評量的鑑別力，對於大範圍標準化測驗（large-scale standardized testing）而言，通常是可以被接受的。

為何不論是正尾偏斜或是負尾偏斜，都可能呈現了鑑別力曖昧的問題呢？以正尾偏斜而言，也許題目過於困難而使得程度中間的應試者，沒有辦法發揮應有的實力，因此落得與程度差的應試者享有同樣低分的後果，我想把它稱為「雞棲鳳凰食」偏誤。相反的，如果是負尾偏斜，那麼有可能題目過於簡

單而使得程度不那麼好的應試者，與程度很好的應試者享有共同的榮譽，我稱為「牛驥同一槽」偏誤。

然而，教師卻往往希望，教室內的評量（小範圍測驗）是呈現負尾偏斜的情況。道理很簡單，如果沒有鑑別力曖昧與否的考量，假如全班大多數的人都得到了高分，那麼有可能暗示教學效果是令人滿意的。這通常也是小學教師渴求看見的現實，因為如果一個人在小學沒有得到應有的知識與技能，那麼未來可能必須面對更大的困難。但是，隨著教育程度的提升，似乎正尾偏斜的情況就變為主流。然而，主流並不一定代表就是正常現象，如果每一位大學生都在及格分數邊緣掙扎，那麼考量（1）前階段（高中、國中、國小）教育的課程、教學與評量在銜接上是否有問題，以及（2）現階段（大學）的課程、教學與評量的適當性，就變成是邁向無偏斜概念的一種必要。

此處我們須注意一點，如果你所在的學校，被要求每位學生須通過所謂的「基本能力測驗」，那麼你應該期待，這份測驗的設計是採用負尾偏斜的概念。如果這份測驗的設計概念是源自於無偏斜，那麼與其叫做基本能力測驗，還不如改稱為升學競爭測驗。

另外，存在一種**分配交叉**的問題。從字面上我們得知，存在兩個分配曲線，而這兩個曲線有部分重疊交叉的現象，換句話說，這兩組「數的集合」，有部分的數是交集在一起的。假設我們施測同一份標準化測驗於兩個高中三年級的普通班，甲班平均分數為70，乙班平均分數為80，我們可以說，乙班的平均表現優於甲班，但是這種宣稱並沒有暗示，乙班的每一位

學生表現都優於甲班，很有可能乙班的後段分數重疊交叉甲班的前段分數，也就是說，乙班的某部分學生表現並不優於甲班的某些學生表現，這是我們在進行不同團體之間的比較時，所應秉持的統計概念。

　　據此類推，如果我們要比較美國與芬蘭學生的數學平均成績，假設芬蘭學生的平均成績略高於美國學生的平均成績，那麼這可能暗示（1）芬蘭學生的成績較為集中在所呈現的平均數附近，而美國學生的成績比較分散，（2）有特定一群成績低落的美國學生（例如，非洲裔或西班牙裔美國人），拉低了整體的成績，雖然美國學生得高分的人數也不少，而芬蘭學生並不存在這樣的現象。以第一項暗示而言，五位芬蘭學生的成績（80、80、80、80、80），並不是每一位的分數都優於美國學生的成績（87、85、80、70、65）。以第二項暗示而言，美國學生的成績（92、92、92、60、50）平均，由於特定族群的低落成績（例如，60和50分）而被影響，因而低於芬蘭學生的成績（90、85、83、80、78）平均。如果我們能把客觀的統計知識，融入兩國教育的比較，那麼就能得到更為深入的理解。

第二節　百分率

　　在上一節裡，我們探討了可用於量化資料的統計意義呈

現方式。本節裡，讓我們一起來理解質化資料的統計意義呈現法。首先，讓我們先深入了解什麼是質化資料，以及擁有質化屬性的評量格式。最後，我想要介紹一種最常被使用於質化訊息的統計程序，它就是百分率的計算。

 質化資料看起來像什麼

事實上，每個人一天當中會執行數不清的質化訊息選擇權。當你出門買早餐時，你必須決定要買燒餅或是包子；坐公車上班時，你必須選擇要坐上哪一號公車；晚上去電影院看電影時，你不得不決定你想要看的電影。這些選擇都是質化訊息，因為燒餅、包子、公車、電影，這些都不是「連續分數」，它們是一種「類目」。

同樣的，在你的學校生活當中，常常會接受這樣的評語：「通過或不通過」。如果是野外炊事課程，而你所得到的評語是通過二字，那麼就意味著你具有野外炊事的能力，姑且不論你所煮的菜好吃與否。類似這樣的訊息，就是學校裡經常出現的質化評量資料。

還有一種質化資料來自於李克量尺。這種量尺的評量題幹就像是這樣的敘述：「你對於這道菜的滿意程度（從1-最不滿意至5-最滿意）為何？」李克量尺由於不具有絕對等距的特性（參看第四章之課程滿意度問卷與課程評量），所以有些

人認為，在某些狀況下，不適宜以連續分數的概念進行評量程序，這些人僅僅把它視為類目式的訊息。

　　根據以上的討論我們得知，許多的評量格式會產生質化的資料。例如，包含李克量尺評量題項的問卷。這種題項除了**程度**的設計概念之外，尚有**排序**的概念。比方說，把你眼前的五部電視連續劇排序，1代表最喜歡、5代表最不喜歡。另外一種，可使用檢核表的評量設計，讀者可回頭參考表9-1。

貳　百分率的計算

　　假設評量野外炊事課程的標準是「煮出任何一道可食用的菜」，而全學年總共有一百位學生註冊此一課程，得到「通過」評語的學生有五十二位，那麼全學年在此課程上的通過百分率為52%。表面上看，有五十二位學生通過野外炊事課程的考驗。然而，說得更精確一點，這五十二位學生在野外炊事的能力上，僅止於煮出一道可食用的菜而已。

　　如果評量的問題是「請在下列括弧裡，圈出你對於閱讀的喜愛程度，從1（非常不喜歡）至5（非常喜歡）：（1　2　3　4　5）。」把全學年對於此問題的回答訊息搜集起來，以**列聯表**（如表12-1）的方式呈現，我們就可以很清楚地看出所搜集訊息可能透露的重大意涵。這種呈現方式，其實是在呈現類目式的訊息。

表12-1　以列聯表呈現質化資料

喜愛 程度	1 非常 不喜歡	2 不喜歡	3 感受 一般	4 喜歡	5 非常 喜歡
人數 / 回答總 人數	10/100	15/100	26/100	19/100	30/100
百分率	10%	15%	26%	19%	30%

　　從表12-1裡的訊息我們發現，喜歡程度5的百分率是最高的，但是我們是否就能斷定，全學年都是喜歡閱讀的呢？當然不行，因為至少有二十五人是不喜歡或非常不喜歡閱讀的，而有二十六人是既不喜歡也不討厭閱讀。那麼，我們是否可以宣稱，整體而言，全學年表現了「喜歡閱讀」的傾向呢？如果我們把喜歡程度4與5的百分率相加，也只有將近一半的人，所以這種宣稱有可能是說服不了某些人的。然而，我們是否可以說，全學年有著「非常喜歡閱讀」的傾向呢？這是有待商榷的，因為這種傾向，僅佔了全學年人數的三成一也許你會認

為，這三成人數的強調意義並不大。

　　請再回顧第四章，我們探討了如何確認「知書」此課程效果的做法。如果表12-1是此課程效果的結果，那麼此課程的效果，以我的評判觀點出發，雖不盡令人滿意，卻也反應了某種真實情況。但是，這樣的效果是單純源自於所設計的課程嗎？或許學生的閱讀態度，主要源自於本身知識與技能的自然成長，而非課程本身。這種質疑的探究態度，是我們在瀏覽任何的統計數據時，所應秉持於心的。

第三節　百分等級與百分位數

　　不論是基本能力測驗或是升學測驗，學生經常都會被給予一個數值以代表其在整體應試者當中所佔據的地位，這個數值通常被稱為PR（percentile ranks）值，中文稱呼為百分等級，它是從學生所得原始分數的彼此比較而來。也就是說，百分等級指出個人在所處的參照團體當中，比較之下的表現如何，它不是一種絕對性的指標，因為它的意義是透過相對比較而來的。所以，在校內表現優秀的學生，同樣的原始分數拿到校際去比，就可能變得不那麼優秀了。通常，最小的PR值為1，最大為99。

　　如果一個人所獲得的PR值為80，那表示他的表現大致優於所處團體的80%，這應該算是很不錯的表現，因為只有將近

20%的人贏過他。據此，PR值越高就暗示表現越好。

如果是一份符合數學常態分配曲線的標準化測驗結果，那麼大多數的人會集中在PR＝50的附近（也就是中間能力的附近），因此PR＝47與PR＝53之間的**能力差距**並不會如同PR＝67至PR＝73之間的差距那樣地大，雖然這兩組（53－47；73－67）數字差距都是6。為什麼會這樣呢？這是由於僅有不算多的人，能夠達到較高的PR值，而處於中間能力附近的人，總是被稱作「泛泛之輩」，這是我們應該注意的現象。

百分位數（percentiles）就像是一把肉販所使用的屠刀，聽從顧客的指示，一刀下去，把顧客想要買的部份（比例）與原來的肉體一切為二。例如，如果60%的分數低於90.2分，那麼90.2分就是第六十百分位數。以肉販而言，這60%的肉塊賣給了顧客，而下刀的點是90.2分（第六十百分位數）。

抓住上述的切肉比喻，以百分位數而言，我們先決定想要的百分率（要賣多少肉），然後在所處團體的分數連續體之上（這整塊肉之上）尋找一個特定分數（下刀之處），使得想要的百分率在此特定分數之下。因此，這個被尋找到的特定分數，有可能不屬於所處團體的任何人，它的功能僅僅是「篩選」而已。例如，以升學競爭測驗而言，我只要錄取前百分之三的應試者，換句話說，我要淘汰將近百分之九十七之多的應試者，那麼我在分數連續體之上鎖定了某個分數，使得百分之九十七的應試者都低於此分數，假設此鎖定分數是93.7分，那麼這個分數有可能並不屬於任何應試者。

同理，在進入考場之前，或許有人會拿著往年的成績分布圖，不斷地跟你鼓吹，如果你要成為那百分之三的被錄取

者，就必須要努力考到「某某」分數，這個分數只是個預測值，未來不保證會有學生恰巧考到這樣的分數，因為未來尚未發生。很明顯的，這種計算程序並不能完全作為百分等級的替代品。

第四節　警示

　　在教育領域裡，百分等級或百分位數時常被用來詮釋大範圍的標準化測驗結果。應試者可以使用過去的資料，進行本次測驗結果的落點預測，但是這種做法是可議的，因為（1）試題的標準化程度很可能並不一樣，以及（2）應試者也極有可能並不是同一批人，換句話說，樣本組成的參照環境改變了。這兩點不確定性因素，降低了預測的準確程度。

　　例如，去年的試題比較難，其標準化程度偏向正尾偏斜，所以考到第九十百分位數就可以進入第一志願的學校。然而，今年的試題變簡單了，同樣的百分位數很可能已經無法進入第一志願的學校了。再者，就算這兩年的試題難度一樣，但是今年應試者的能力提高了，那麼就算你得到了第九十百分位數，也可能進不了第一志願的學校。

　　我也很詫異地發現，有人以PR值來論證兩次測驗的難度。例如，今年的語文測驗並沒有比去年的語文測驗難，因為在高PR值（例如，PR＝99）的人數分布上，這兩年測驗是差

不多的。我非常希望這樣的話語是出自於非專業人士，因為
（1）百分等級的核心概念並不是用來進行組別比較（例如，
今年和去年比），而是指出個人在所處的參照團體當中，比較
之下的表現如何，除此之外，（2）這兩年測驗的應試者極有
可能是不一樣的，應試者能力的差異，會左右PR值的分布人
數，如果今年應試者的能力比較強，就算是遭遇較難的測驗，
高PR值的分布人數也很可能不會減少。

此外，許多的智商測驗結果，也經常使用百分等級來呈
現應試者的智商能力，這使得父母親、教師、甚或是學生本
身，誤以為百分等級越高，課業表現會越好，並且把這兩者視
為因果關係。然而，我的教學經驗告訴我，非文字智商測驗
（Raven's Standard Progressive Matrices Test）結果，在百分等
級十五左右的學童，就大致具備了學會基礎課業的能力，這些
學生之所以表現不如預期的因素，很可能源自於沒有獲得充足
的時間，來幫助其經歷完整的學習歷程。換句話說，這些學生
還沒來得及趕上眼前的學習，又被給予新的學習內容。

這些學習較慢的學生，很可能在有時間限制的測驗上，
無法得到符合其實際能力的分數。因此，斷言他們學習不好
是因為智商差，這樣的說法很可能是**錯把可爭議的相關性，誤
認為不可爭議的因果性**。據此，如果我們不擺脫智商測驗分數
（或是任何的能力測驗分數）這個緊箍咒，那麼我們很可能因
此而耽誤了自己的孩子、自己的學生、甚或是自己本身。

另外，有的國家要求學校必須通過「基本能力測驗」，
如果沒有達到規定就傾向於要處罰教師或關閉整間學校（結果
是學校為了避免被處罰，就想辦法先踢除程度差的學生）。姑

且不論僅僅把測驗結果視為獎懲或篩選依據的弊病，從分配曲線的概念出發，不可能每一位學生都能達到某種要求，總是會有一些學生處於後段，而**這些後段學生的複雜問題，很可能是學校教育所無法解決的**。除此之外，測驗本身的信效度等專業訊息，本來就不可能達到完美的程度，這會使得解釋測驗結果的彈性「更大」，所以斷然的決定就會具有「爭議」。我們也別忘了教育的貧富差距現象，要求貧窮地區的學校，也要交出一份和富人學區一樣好的成績單，是否公平呢？

　　最後，我想要強調，忽略評量的統計意涵，很可能導致「犧牲多數人的利益來成就少數人的榮譽」，這樣的不公義結果。我曾經看過這樣的例子，學校領導很高興學校派出去參加全國英文單字競賽的選手得到優等獎，但是他／她似乎忘記了，為了進行校內初選而使用的英文試卷，使得一半以上的應試者獲得了令人感到羞辱的分數。事實上，那些獲得優等獎的選手，都是從很小的時候就開始接受補習班英文教育的學生。這代表了，學校英文課程效果的好壞，與那些所得到的榮譽無多大關連。令人痛心的是，那些校內初選得到低分的學生，很可能在他們剛接觸英文的時候，就因為這種粗暴的做法（評量的偏誤）而喪失了學習動機，付出了慘痛的代價。

下午茶時間

茶點 1

你喜歡質化或是量化的評量資料？

茶點 2

你覺得主辦升學測驗或是基本能力測驗的機構，是否應勇於公開測驗後關於結果的統計資訊（例如，分配曲線圖、測驗的信度或效度估計值、計算百分等級或百分位數的程序）？

茶點 3

如果主辦基本能力測驗的機構，聲稱這次試題的難易度是「中間偏易」，請問測驗結果的次數分配圖會趨近於下列何者？

（①正尾偏斜　②無偏斜　③負尾偏斜）。

茶點 4

你了解本章所詮釋的內容嗎？請勾選：

□了解　□不了解。

結 尾 篇

「孩子們，你很可能掰不斷一把竹棍，但是把它們分開就很容易各個擊破。如果你們爭吵不團結，敵人將不會給予任何的憐憫。」

　　—伊索寓言

第十三章
從哲學到實踐

「行動勝於雄辯！」

從第一至第十二章裡所探討的三大要素（課程、教學以及評量），如果能夠被緊密結合（換句話說，這三大範圍能夠盡量交集在一起），那麼就能夠產生「一把竹棍」的力量。相反的，如果它們被分開看待，那麼力量很可能就會被彼此的不協調給削弱，這就降低了學習者的「上學」所得。在本章裡，我將要示範這三大元素如何能夠從頭到尾地緊密結合在一起。

為了使讀者更加了解「上學」之於本身的偉大意義，我想要請您回想一下，個人目前為止，對於生活在這普羅世界裡的人生哲學，然後思考一下你想要達成的目標，有著什麼樣具體的做法。好，現在請您秉持著同樣的邏輯繼續閱讀下去。

第一節　哲學觀點與課程

　　在本書第一章裡，我們探討了課程的源頭，這些源頭都有其哲學觀點。你可以強調自然主義（道家），那麼你所發展的課程很可能使得地球免於環境汙染的傷害。你也可以強調實用主義（墨家），那麼所發展的課程就會培養出許多的發明家。或者，有些人強調利他主義（例如某些宗教），那麼這世界的慈善事業或許會變得更完善點。不論課程的偏好為何，它總是圍繞著某種或某些哲學。

　　此處，我想要以儒家哲學的觀點出發。儒家哲學的課程衍生概念為同心圓的形式。修身為第一圓，第一圓完滿了才能齊家，齊家完滿了才能談到治國，治國這一圓完滿了才可能平天下。每一個圓代表一個階段，學習者在每個階段裡需要學習的東西，很可能應用到了多個不同領域的內容。比如，要完滿修身階段，很可能需要學習者具備的其中之一項能力為培養品行，而為了獲得此能力，學習者很可能必須應用語文與道德精神這二大範圍（或更多範圍）的知識與技能，來精進自我的品行。據此，我設計了如表13-1的課程大綱。

表13-1　「培養品行」之課程大綱（儒家哲學觀點）

具備能力	應用範圍	課程標的
培養品性	道德精神	1.了解道德典範。（知識） 2.熟讀道德經典。（技巧） 3.分享道德經驗。（情感）
	語文（中文）	具備中文聽說讀寫能力

　　由於表13-1的課程大綱源自於中國儒家哲學，所以中文就變成了一種必要學習的知識。「涉獵經典」是培養品性的可能方法之一，它具有透過學校課堂被傳授的便利性。此時，我就要尋找一本適合傳授道德精神的中文經典。我想要以聯合國教科文組織公認的世界道德經典《三字經》，作為傳授此課程的教科書。我選擇《三字經》的理由是，學習者還必須具備中文聽、說、讀、寫的能力，而《三字經》的韻文特性以及簡短字數，使得學習者能夠較為輕易的掌握中文能力。所以，以《三字經》為基礎的教學設計傾向於啟蒙教學。

第二節　從課程到實踐

　　上一節，我們討論了課程大綱與哲學的關連性，教材選用的參考點。在本節裡，我們要繼續探討隨之而來的實踐過程，此過程牽涉了教學目標與教學活動的撰寫（參看表13-2），甚至是個人內心所秉持的教育哲學。為了讓實踐過程能夠充分反應課程大綱以及所持有的哲學觀點，教學目標與活動的設計必須適當。

　　教師拿到如表13-2的設計時，他必須先找到《三字經》教材，很慶幸的，此教材的聲碟與書本，很容易就能夠在市面上購買得到。再來，他可以依據整學期的道德課程時間，預計每堂課所要教授的內容與分量，而所採用的教學目標與活動可依循同樣的模式。據此，有經驗的教師可以很快地看出一份教學設計的重點與可行性，並且能夠融入一些變化以提升效果。例如，配合學生程度或教學時間，增減一些教學目標或活動（但必須盡量滿足課程標的），或者使用漫畫版《三字經》，增進教學效果與學習動機。

　　讓我們評論一下表13-2的教學活動。以上半部而言，很明顯的，這種設計概念源自於合作教學法，探究教學模式在此被涉及，因此一位經驗豐富的教師，能夠僅僅憑藉著手上的這一張單薄的設計，進行全班的合作式教學活動。當然，你也可以改編為其他類型的教學形式，藉此進行你所認為的有效教學。以下半部而言，其設計概念類似於文學探究法的前半階

表13-2　「培養品行」之教學目標與教學活動（以三字經為教材）

課程標的	教學目標	教學活動
1.了解道德典範。（知識） 2.熟讀道德經典。（技巧） 3.分享道德經驗。（情感）	1-1能解說《三字經》。 1-2能舉例說明。 2-1能分段背誦《三字經》。 2-2能分段默寫《三字經》。 3-1能分享本身的道德經驗。 3-2能提出個人的一些看法。	1-1-1教師請各小組查字典並合作詮釋一小段《三字經》。 1-1-2教師每組抽一位學生上台發表成果。 1-2-1小組討論道德事例。 1-2-2教師每組抽一位學生上台發表。 2-1-1小組合作背誦一小段《三字經》。 2-1-2教師每組抽一位學生上台發表。 2-2-1教師讓學生習寫一小段《三字經》。 2-2-2教師每組抽一位學生默寫一小段《三字經》。 3-1-1小組分享道德經驗。 3-1-2教師每組抽一位學生上台發表道德經驗。 3-2使用「我覺得＿＿＿。」語句，誘發學生對於所學內容的自我看法。
具備中文聽、說、讀、寫能力。	1.能聽《三字經》（聽）。 2.能跟頌《三字經》（說）。 3.能讀出《三字經》（讀）。 4.能習寫相關的詞語（寫）。	1-1學生安靜傾聽《三字經》聲碟。 2-1學生跟頌《三字經》聲碟。 3-1學生不聽聲碟而看書讀出《三字經》。 4-1學生習寫生字並造詞。

段（4-1），而大腦認知取向的教學原則在此被強調（1-1, 2-1, 3-1），直接教學模式在此被應用。或許你已經發現，本書第五、六、七章的內容可以隨機靈活應用在此表的教學活動上，而奠基於此表教學活動之上的進階式教學活動，也可以靠著教師的經驗判斷與創意理念，得繼續被發展，這也是一位教學者應該具有的覺知。

　　教學活動也會隨著所選教材而產生變化。以我們的《三字經》範例而言，如果選擇的讀本含有故事的解說，那麼教師的教學活動就可以故事直接切入讓學生了解意義，捨棄艱澀的字義查詢。由此可知，所選教材的精細與否，直接關係著教學的程序。接下來，我要進行評量的設計（請參看表13-3）以確知學習者是否達到教學目標的要求，此處請注意，評量必須合理地展現其質化（很難以分數評斷）或量化（能夠以分數評斷）特性。如果絕大部分達到了要求，代表從上游至下游的設計是經得起考驗的。如果情況不樂觀，那麼關於課程與教學的設計環節與實施細則，都要再檢討改進。

　　表13-3的評量設計源自於表13-2的上半部。很明顯的，這些評量題目比較適合高年級生。但是只要你稍加簡化，就能夠使其適合學習程度較低的學生。例如，屏除這些紙筆評量的題目而改為隨堂測驗式的口語評量。另外，也許你已經注意到了非常具有深度的作文題，這暗示了同一本教材，可因著教學需求的不同，進行教學與評量的變化。此表的評量設計也兼顧了實作評量（教學目標3-1），教師可以透過檢核以大致了解學生們的道德實踐情形。至於表13-2下半部的評量可偏重於隨堂式評量。不論是使用何種形式的評量，它的主要功能在於獲得

有關教學效果的回饋訊息。別忘了，不論評量在你心裡的重要性如何，教學活動的發生總是在它之前。

以上所述的設計，可以讓讀者了解一般教師可能會在課堂上所進行的作為，這也是我們從小到大的學習經驗來源。然而，先前我們說過，一百分的計畫不代表一百分的效果，以這份《三字經》教學計畫而言，會有許多因素讓某些學生的表現不如預期。

現在，角色轉換一下，你要做自己學習經驗的主人。假設你的人生哲學是「適者生存」，那麼很顯然地，你的一項課程標的也許是「增強適應力」，所衍生之個人教學目標可以是「能有更好的體能」，你自己的教學活動設計也許是「每天傍晚慢跑十五分鐘」，那麼到底自我的課程標的達到了沒有呢？以此例而言，你完全可以憑藉自己的感覺來進行評量以確知實踐的效果。

表13-3　「培養品行」之評量設計（以一小部分《三字經》為根源依據）

教學目標	評量設計
1-1 能解說三字經	選擇題： 1.（②）請問「人之初，性本善。」這句話的意思 　　最接近下列何者？ 　　（① 人的本性不善良　② 人的本性善良 　　③ 人的本性沒有善惡）。 是非題： 2.（×）「性相近，習相遠。」這句話的意思是 　　「人不可以不學習」。
1-2 能舉例說明	配合題： ① 徙木立信　② 孟母三遷 ③ 陶侃搬磚　④ 目蓮救母 請從上述的參考答案中選出符合下列題項的答案： 1.（④）「人之初，性本善。」 2.（②）「性相近，習相遠。」
2-1 能分段背誦三字經	1.（②）「習相遠」前面的語句是下列何者？ 　　（① 性本善　② 性相近　③ 人之初）
2-2 能分段默寫三字經	填充題： 人之初，（　　　　　）。性相近，（　　　　　）。
3-1 能分享本身的 　　道德經驗	檢核表： 上台發表本身道德經驗：　□是　□否。
3-2 能提出一些看法	作文題： 你覺得自己的本性偏向善還是惡，請發表自己的想法 （三百字）。

第三節　警語

　　落實課程的願望是一個很好的開始。然而，我們不要忘了，課程的種類與性質不盡相同，一位負責任的知識傳授者，必須對這方面有很強烈的敏感度。例如，道德課程與科學課程就具有壁壘分明的性質。以道德課程而言，如果不考慮人性，不讓學習者有表達本身想法的機會，沒有充裕的時間讓學習者深入了解道德的意義，只是以強迫的方式使學習者承受既定的答案，那麼結果很可能造成「對道德的反撲」。

　　當你閱讀一份（教學）計畫時，如果你無法確定所陳述的目標是否有其相對應的適當評量細節，那麼你可以（1）合理懷疑此份（教學）計畫所能產生的實際效果，並且（2）著手進行必要的改變。如果你是一位教師，這麼做可以展現個人的專業態度。

　　一位教師的專業，不僅僅是來自於（1）對於哲學與課程，還有教學的獨立思考精神（換句話說，拉近原則與實際之間的距離），來自於（2）關於評量的統計認識，還必須（3）具有「人溺己溺、人飢己飢的胸懷」。如果根本不在乎以上任何一點，那麼只要給與任何一個人一份完整的套裝教材，他就馬上可以取代這個位置。

　　在實踐課程時，我們期待學習者（或自己）能夠從教學活動當中得到應有的效果。然而，這種想法不得不多打點折扣，因為**「教學」的發生不只發生在課堂裡，它還存在於家庭**

以及社會這個大染缸（甚或是每天收看的電視節目）。

茶點 ❶

你能夠為自己的哲學觀，設計適合的課程，以達到個人目標嗎？

茶點 ❷

你認為「道德」是否存在於動物界？宗教或意識形態能否凌駕於道德之上？

茶點 ❸

如果有一條法律是「盜竊金融機構判處十五年徒刑」，而有一位民眾因為提款機故障而竊取了銀行五千元，結果被判處十五年徒刑，你覺得合理嗎？假設你是一位法學院教授，你會怎麼教授這條法律條文？

第十四章
隨 筆 雜 談

從本書第一章開始，我們從根本探討了課程、教學與評量是如何地影響學習者的現在與未來。這本書從頭至尾的內容都是要傳達一個觀點：「努力讓學習者上學所得到的回報，大於所付出的代價。」這個觀點的實踐與否，直接影響了一個社會文明的進展。在本章裡，我想要以更宏觀的角度，探討一些有關教育的議題，而這些議題，也或多或少的影響了學習者的上學回報。

第一節　霸凌現象與校園槍聲

有一種現象很令人玩味，那就是當有恐怖份子以飛機進行恐怖攻擊之後，許多的飛機撞大樓事件就層出不窮。同樣

的，當某間校園裡傳出第一聲槍響之後，就有許多類似的事件發生在不同的校園裡。我在美國留學期間，常常看見類似的校園槍擊新聞，一方面可能是導因於槍枝容易取得的現象，另一方面卻代表了一種社會心理問題。

我曾經讀過由一位美國社會心理學家所寫的一本書《Nobody Left to Hate》。這本書的主要內容並不是什麼嚴謹的社會心理學理論，而是作者本身的慘痛學校經驗，他的不良經驗就是在學校裡被霸凌。他的痛苦，透過這本書與讀者一起分享：「當一個人一再地被毫無理由地欺負時，就算是綿羊性格的人也會起而反抗；當屬於自己的東西，被校園不良份子給踐踏時，心中的第一槍就打響了。」

那麼這種校園的霸凌現象，怎麼會存在的呢？這位社會心理學家說，原因之一是學校教育人員或整個制度，姑息這種現象的結果。當學校無法對這種校園不良份子進行有效的處置時，校園就變成是他們的犯罪天堂，而往往無辜的受害者就是那些令他們忌妒的同學，或是看起來像羔羊的學生。這讓我想起了一句俗語：「一粒老鼠屎壞了一鍋粥。」的確，在我的教書生涯當中，全班只要存在一位不守規矩的學生，就能夠搞得天翻地覆，危害了其他同學安心受教的權利。（依據我的詳細觀察，這些校園不良份子，往往能夠很成功地瞞天過海，睜眼說瞎話，躲過應付的責任。）

但是，在校園開槍的學生，卻是那些飽受欺凌的人，他們把心中的怒火一股腦兒地發洩了出來。於是，受害者變成了加害者。所有的鎂光燈都集中在開槍的學生身上，而不去探討導致這種悲劇的背後原因。

也許是防範於未然，我在美國讀研究所時，曾親眼目睹一則電視新聞，這則新聞的確讓我這個台灣留學生大開眼界。過程是這樣的，有一位學生上課不聽老師的指導而在教室裡大吵大鬧，從教室前跑到教室後，沒過多久，二、三位人高馬大的警察來了，把鬧事學生的雙手銬住強行帶離教室。這的確是令人震撼的，因為帶走的是一位幼稚園的小朋友。（此事變成新聞的理由，似乎並不是不當執法，因為帶走的是一位黑人小女孩，這驚動了黑人人權團體並以種族歧視的疑慮提出嚴正抗議。）

　　當然，還有另外一種霸凌現象，那就是功課不好，或是行為比較奇特的學生，常常淪為師生所指責的對象，久而久之，被指責的學生就產生了怨恨。於是，這些學生不是自殺，就是持槍進入校園胡亂的掃射校長、老師與學生。

　　以上所討論的情況，在槍枝尚未開放的國度裡也確實存在。在台灣，曾經有學生持空氣槍在校園裡傷人，如果這把空氣槍換成是真槍的話，後果不堪設想。不論是否存在槍枝氾濫的問題，學生跳樓自殺案件（無言的深沉抗議）就已經夠令人痛心的了。這些慘痛的教訓提醒我們，關於家庭教育、品格教育、心理衛生教育以及學校教育的重要性。

第二節　教育與財富

　　當你聽見「教育產業化」這個名詞時，會有什麼樣的想法呢？你可能會想，把學校變成一所企業來經營，這個想法並沒有錯。事實上，執世界牛耳的大學（例如，Teachers College, Columbia University）已經設立了一個雙學位科系，從此科系畢業的學生，將會獲頒經營管理碩士（MBA）與教育博士（Ed.D.）這兩個學位。姑且不論教育被產業化之後，是弊大於利或是利大於弊，可想而知的是，「錢」扮演了一個舉足輕重的角色。

　　如果你接觸過企業管理的課程，你一定或多或少涉獵過股票的操作法則。一位企業的管理者必須想辦法獲取「未來的財富」，以使本身的企業能夠在激烈的競爭中生存下來。你手中所持有的股票就是一種未來財，因為它們尚未被出售兌現。同樣的道理，你所接受的教育，也是一種尚未被兌現的財富。

　　這種教育未來財何時兌現呢？等你找到工作開始賺錢的時候兌現。例如，一位電子工程碩士，找到了一份設計電腦晶片電路的工作，享受著優渥的待遇。或是，一位教育心理學博士，找到了一份大學助教的工作，享受著普通的待遇。很顯然的，電子工程碩士屬於績優股。

　　從以上的例子我們發現，似乎學歷與收入不成正比。但是，有調查指出學歷越高，收入越高的相關趨勢。姑且不論學歷與收入的關係（換句話說，我們不要陷入學歷的迷思），然

而我們可以確定的是,一位不識字的原始人,絕對無法進入實驗室設計電腦晶片。

既然教育未來財的性質類似於股票,那麼你就必須心甘情願地接受「投資風險」。換句話說,你投資在教育自己或子女身上所付出的心血,很可能最終沒有實現你所預期的回報程度註一(也許超過,也許一敗塗地)。這種對於未來的**不確定性**,是每一位學習者應該先行考量的。

另外,我想要把「資本化的自由市場」與「教育自由化」相提並論。以資本主義出發,市場的自由化程度,直接關係到了資本的累積搜括速度。那麼教育自由化的程度,是否也直接影響了教育未來財的積累呢?試想,在自由學風的學校裡求學,是否更能激發自我的潛能?然而,如果有人連升學考試的報名費都繳不出來,使得教育自由化的程度降低,那麼整個國家社會的發展就會受到影響。

第三節　從天才到性工作者

首先,我想要強調,職業無分貴賤(風俗業在世界許多地區是合法行業),以勞力換取所得也是人權的一部份,弱勢族群也擁有呼吸空氣與面對陽光的普世權利。故事是這樣的,有一位天才,未滿十四歲就已於英國著名大學的數學系裡就讀,但是常年受到父親「資優教育」的壓迫,使得她未滿二十歲就急於為人婦,擺脫原生家庭的惡夢。但是,我們知道,這

種結果通常都是以離婚收場。在沒有了生活依靠的情形之下，這位資優生就決定下海賺取生活費了。

　　資優教育的目的是在為國家培養需要的特殊人才，而這位英國女孩的情況，顯然超乎一般人對於資優生的期待。事實上，聚集在資優生身上的鎂光燈，使得他們莫名地贏在起跑點，但是卻在終點失敗了。這位英國女孩並不是特例，類似的情形也發生在其他國家，而結局是從萬人追捧的天才到精神分裂症患者，甚或是以自殺來結束自己的痛苦。

　　有許多家長甚至希望自己的孩子馬上變成資優生。這種揠苗助長的心態很是危險。資優教育（gifted education）的英文，本意是「天賦教育」。換句話說，沒有特殊天賦的孩子並不適合資優教育。然而，許多人的誤解使得學校不得不把資優教育變成了升學教育。

　　如果能夠把人生經歷濃縮於短時間之內完成，這對於一個人的生命發展是非常有助益的。當一個人二十歲時就已經拿到博士學位，光是這求學的過程就比一般人提早了將近十年，這等於是替自己爭取了十年的壽命，而這正是資優生所具有的極大優勢。但是，他們內心的壓力也往往是他人所無法理解的，因為他們承受著許多人的期望，無法做自己。有鑑於此，資優教育的課程、教學與評量，應該也要朝著適才適性的設計方向，同時還必須融入更多的壓力紓解課程才行。

　　最後，讓我們反向思考一下。記得筆者在美國留學時的韓國同學，是資優教育的專家，我們曾經聊過資優生的心理健康問題。我們倆一致同意這個問題：「在大家努力吹捧資優生的同時，是否想過其未來所能做出的貢獻？」這是很重要的一

個議題，因為如果這些能力強大的人，具備邪惡的心腸與高傲
自慢的心態，那麼他們將會給人類社會帶來浩劫。

第四節　　新住民子女的教育

　　特殊教育領域裡有一種「回歸主流的說法」，大意是
說，特殊孩童要有一定的時間與一般兒童共同學習，以免影響
其往後的人際發展。在普通教育領域裡也有類似的爭論，不過
卻是有關於新住民子女，是否必須「喪失自我」以融入「主流
社會」。換句話說，「同化」教育是否真正有助於新住民子女
的成長，變成是一項熱烈討論的議題。

　　這裡所謂的新住民泛指一切移民。也許有人會說，隨著
時間的流逝，移民就會完全地融入主流社會，這是一種健康自
然的發展過程。我們可以把同化看成是一種自然的過程，但是
對於文化差異非常大的移民而言，它未必就是健康的。黑人從
非洲大陸移民入美國已經超過一百年，但是他們的靈魂裡面還
是渴求那一段硬生生被切割的歷史。表面上，他們似乎已經是
道道地地的美國人，但是骨子裡，卻無法否認他們是來自於非
洲大陸。這種空缺感，使得他們在文化與尊嚴的主體性上失去
有利的位置。

　　因此，與其完全地實施同化教育，用「期待」的方式企
圖解決問題，還不如實施兼容教育，用「實際」的做法來取得
最大的益處。什麼是兼容教育呢？我想要用一句話來闡釋這個

觀點，那就是「我心中有你，你心中有我」。不強迫否認新住民子女的根源基因，以多元接納的方式，鼓勵其認識並介紹相關的文化。我曾經看過一則良好的範例，大意是這樣的，母親從越南遠嫁來台灣，當女兒放暑假的時候，媽媽帶著女兒回到越南遊玩，介紹越南的親戚互相認識。這種做法，對於新住民子女的成長，很可能是非常有助益的。

第五節　國民素質與國力

　　國民素質的提升不是一紙規定就能有成效的，如果素質不到那個水準，嚴刑峻法充其量只不過是一張紙。如果整個國家的國民都不懂得愛護環境，即使亂丟垃圾是要受到處罰的，觀光客還是很難留下一個良好的印象。國民素質的提升，並不是靠法律，而是靠著教育下一代。

　　那麼這跟國力又有著什麼關係呢？因為一項好的政策需要人去執行，而執行者素質的好壞，關係著政策是否落實。如果一個國家想要極力地發展觀光業，增加國民平均生產毛額，那麼國民的服務意識就非常地重要。具有良好服務意識的國民，能夠讓觀光客有賓至如歸的好感，那麼發展觀光業這樣的美好政策就有可能得到落實。如果國家公務員都具有良好的服務意識，不貪贓枉法，那麼許多的公共政策，就不會從原來的美意變成是一紙虛文。

　　富而好禮的社會是我們所追求的，而這需要高素質的國

民才能做到。也許有些人會認為這是不切實際的，但是當我到了美國求學之後，我才發現這可以變成事實（姑且不論其潛在的種族矛盾問題）。然後我再仔細觀察，我發現了一件有趣的現象：那些不懂禮的人，都是來自於一些糟糕國家的移民。

理性與尊重是高素質國民具有的二大特徵。這兩大特徵使得國民彼此之間能夠互相團結，減少內耗，並且樂於遵守法律，這些確實是國力壯大的必要因子。唯有一個愛民如子的政府，才有可能使其國民展現理性並且願意尊重他人。

第六節　教育的靈異現象

傳聞在義大利的某個小鎮，有間非常著名的鬼屋，據說在1970年代，教宗曾經親自前往舉行驅魔儀式。然而，世界上這種正統的驅魔儀式並不常見，但是鬧鬼的傳聞卻比比皆是。根據一些宗教人士的說法，真正需要驅魔的人，遠遠少於需要去看精神科醫師的人。身為教師，我也常常發現類似的現象，那就是，真正需要輔導教育的學生，遠低於需要家庭教育的學生。

我常常發現某些慣於偷竊、霸凌、不交作業、不守規矩的學生，背後都有一段「歷史」，而他們的父母親都把這段歷史歸咎於小孩只是沒有在學校得到被理解的權利，他們傾向於相信自己的孩子不會說謊，在學校與別人打架是有原因的，而這原因是其他人造成的，不交作業是因為其他的原因，而這

原因是學校造成的。我曾經親身去便利商店援救一位偷竊被抓到的學生，然而其家長姍姍來遲並且態度不佳。我也曾經遇過孩子在學校打人，但是家長卻跑來學校對被欺負的小孩興師問罪。很顯然的，把這些孩子送到輔導室似乎作用不大，因為他們需要的是理性的父母，良好的家庭教育，以及有意義的生活。

　　在閱讀了兩則新聞報導後，又更支持了我以上的想法。第一則新聞是這樣的，有五位青少年，在半夜的時候飆車並且隨機砍人，瘋狂砍死了一位在海邊散心的路人。當一般人聽見這樣的新聞時，一定會把矛頭指向所謂的單親或隔代教養弱勢家庭，因為**我們的社會已然不自覺地喜歡把標籤貼在弱勢族群的身上**，不幸的是，這五位青少年都是來自於父母俱在的雙親家庭，而且還是父母捧在手心上的寶。

　　第二則新聞更是令人驚駭，故事是這樣的，有一位成年人，因為跟自己的親身母親為了金錢而起了口角，最後憤而把自己的母親勒昏，然後繼續以繩索纏繞母親頸部，確定其已然無法再有任何呼吸。當一般人看見這樣的新聞時，一定會認為這種事只能發生在所謂的不正常家庭，然而這卻發生在富裕的雙親家庭。

　　請回頭想想，我們常常在電視新聞上看見被帶往警局的青少年，他們的父母都不敢相信自己的「乖兒」會犯錯。其實，他們的孩子老早在學校就有這樣的傾向。在這個講求人權的時代裡，「包公奇案」似乎並不會因為我們對於人性黑暗面的視而不見而減少。

第七節　校園的民主化

　　在現今講究學生人權的社會裡，基層教師無時無刻不被用放大鏡檢視著。有些時候，人類的自然反應出現在教師身上，就會被扣上「不適任」的大帽子，這似乎宣告著，唯有機器人教師才是最符合標準的教師。但是，我們別忘了，學校還有一群不怎麼被監督的行政人員，有些品格待改進的行政人員，在保守的校園裡以雞毛當令箭、借題發揮、曲解事實，執行著猛於虎的苛政。

　　有些人真正的性向是當一名笑裡藏刀、逢迎諂媚、為個人爭權奪利的政客，他們莫名其妙地進入了教育界，看準了羔羊性格的校園，無法對他們的豺爪產生任何的反抗。於是，把學校的學生以及基層教師當成是往上爬的墊腳石，他們的心裡根本視「教育」為無物，教育二字只是其用來遮擋個人瘋狂的盾牌，當所謂的上級人員來視導的時候，他們「又哭又笑」的「偽君子」表演，可真是令人大開眼界。

　　這種校園「法西斯」現象，著實對整個學校產生了慢性傷害。教師被恫嚇、學生被利用、家長被矇騙，這些都是校園不夠民主化的結果。我想要再次強調「姑息養奸」是絕對不可取的。據此，學校行政人員必須接受所有教職員工的監督，經過民意程序的合理考驗。一個深化民主精神的校園，才有可能為學生帶來福祉與希望。

第八節　教師的精神耗盡現象

許多人似乎很羨慕教師的寒暑假期。假設有一天，教師沒有了寒暑假期，那些羨慕的人將會視執教為畏途，而原本已經身為教師的，將會因為精神耗盡現象而被迫離職。

好動、愛聊天、不喜歡考試、不喜歡寫功課，這些都是許多孩子的天性。然而，有一個我們稱為教師的人，要使這些孩子忽略其天性。當一位教師踏進教室的那一刻開始，他就肩負了父母、警察、法官、護士、心理諮商員的多重角色。除此之外，他還必須承受外界的無理批評，內部的鬥爭，數不清的行政工作。這些都會逐漸侵蝕一位教師的靈魂。我曾經見過一位只待了一天就奪門而出的教師。

這種現象似乎普遍存在於世界各地，當我在美國博士班就讀時，同學與教授們曾經討論到一個議題，那就是大部分的美國小學教師，其教學生涯平均約為五年，換句話說，教師這個職業並不是一個會讓人想要永久做下去的工作，這是因為人類靈魂的工程師所要面對的變數，很是讓人感到挫折與無奈。

教師的精神耗盡現象確實不利於教學的品質，這是一種慢性的疲勞現象。如果沒有寒暑假的休養生息，基層教師的心理健康沒有得到照顧，那麼我們所看到的教育表象，將只能代表一層裹在爛蘋果上的糖衣罷了！

第九節　蠟燭兩頭燒

　　我們都知道，蠟燭兩頭燒的結果是提早結束發光發熱的時間。台灣的孩子也面對了同樣的危險，因為大多數的孩子，都必須在放學之後，再走入另一所學校，這所學校的名字統稱為一補習班。

　　國小的學童通常在下午三、四點放學之後，統一由停在學校大門口的補習班校車接走，有的學童就直接走入開設在學校大門口對面的補習班，有的由補習班老師帶隊，走入離學校不遠的補習班，不論距離遠近，當他們走入這另一所學校之後，最早晚上七點才能回家。中學生就更累了，通常在下午五點放學之後，自己搭車或騎車到補習班，這一進去大概晚上九點半才能結束並返家。

　　我並不是在危言聳聽，因為我以前也進去過補習班，通常回到家已經晚上將近十點！精彩的是，十點才有時間寫學校作業，而隔天到校之後，還要利用下課休息時間寫補習班的作業，這種現象在二十多年前，我還在中學讀書的時候，就已經發生，二十多年之後，依然如故。

　　老實說，對我而言，這種一天上兩所學校的效果並沒有倍增，反而累壞了自己，不懂的數學還是不懂，記不起來的歷史就是記不起來，本來頗有興趣的英文，也因為完全沒有休息時間，而產生了厭惡感。

等我當了老師之後，我發現，很多小朋友在上課的時候，偷寫補習班的英文作業。學校的習作不認真寫，反而把補習班的作業擺第一位。老師出功課的時候，學生唉唉叫，因為晚上還要補習，回家沒多少時間寫學校的功課。有的孩子甚至乾脆不寫學校作業，只應付補習班的功課，原因是學校老師不敢責罰，而補習班老師會處罰。

　　我發現這個問題很嚴重，因為學生已經開始學會說謊，欺騙學校老師和家長，藉以躲過寫作業的壓力。在這些學生的眼裡，上學只不過是另一種折磨。學校只能是整天嬉鬧，紓解壓力的地方，不是安靜學習與培養品性的聖殿。假日就沉溺在電玩世界裡，反正只要考試成績好，就算是說謊、欺騙學校老師、蒙騙自己父母，也不是什麼大不了的事，因為這些學生們心裡想著：「大人們只關心我的考試成績，並不在乎我是一根兩頭燃燒的蠟燭！」

第十節　成人教育的缺憾

　　終生學習的觀念，在目前的社會已然成為一項熱門。在台灣，許許多多的社區都熱衷於開辦所謂的社區大學。要進入這種學習機構求學，並不需要什麼樣的入學測驗成績，唯一需要的是一顆想要充實自我的心，以及實實在在的學費。

　　在美國，這類成人教育機構也是到處林立。同樣的，要進入這類機構學習，並不用提供個人以往在學的成績單，也不

必投遞任何的入學測驗成績，然而這花花綠綠的學費，卻是一毛也不能少。

在繼續我們的討論之前，讓我們先思考一下，成人教育之目的為何？其中一項目的，大概脫離不了「協助弱勢群體提升生活品質」這項偉大的目標。既然興辦成人教育有著這樣的雄心期望，我們當然希望這些潛在的弱勢群體學習者，都能夠從中受益。然而，這樣的期望卻很可能無法被落實。

以美國為例，成人教育理應協助更多的非洲裔美國人，然而事實上，這些弱勢族群，原本在經濟上就不寬裕，所以更不可能有多餘的金錢與時間，參與成人教育課程。據此，成人教育課程就逐漸偏向白人中產階級，這使得成人教育的功能，僅僅止於給某些優勢群體錦上添花罷了！

看了美國的例子，請你也回頭看看台灣的成人教育現況。你是否發現，那些插花課、瑜珈課、烹飪課、書法課、風水課或等等的課程，似乎是專門為一些「有錢有閒」的優勢群體而開設的呢？試想，如果有一位新移民，想盡辦法籌足了學費，去社區大學選修以上所提及的課程，這對於此位新移民在新社會的自我價值感提升方面，能否有所助益？

第十一節　美國教育改革與台灣教育改革

　　如果要深入了解一國的教育，從其教育歷史的角度著手，可以讓我們得到更完整的認識。很慶幸的，美國歷史不算很長，因此我們不需要省略或濃縮任何的片段，就可以全面性地了解它。先讓我們從美國教育改革談起。

壹　美國教育改革

　　在美國的超級市場裡，蘋果是又多又便宜，但是蘋果是長在樹上的，這麼多的蘋果一定需要許多的採收人工，在農業機器不發達的十八、十九世紀裡，就有一群逐蘋果而居的勞動力。我們的故事就是從一顆蘋果開始的[註二]。

　　這些逐蘋果而居的工人，也必須帶著家人到處奔波，他們的孩子也必須忍受不斷轉學的痛苦經驗。老實說，從一所學校轉到另一所學校，不但有人際關係的困擾，也很可能有學業上的問題，這部分源自於（1）學校之間的課程存在銜接性的問題，以及（2）轉學的空窗期耽誤了學習的關係。這些不幸不得不成為採收工人的宿命，因為他們找不到其他的工作，而這些工人往往是貧窮的黑人。

於是，經濟上的貧富差距，造成了知識上的斷層現象，貧窮人家的孩子先天不足、後天失調，這使得貧窮變成一種世襲情況，這個問題一直延續到現今。到現在，依據所發布的新聞資訊，黑人的受教育程度還是無法和白人平起平坐。

　　美國各州有其獨立的教育做法，因此要全國採用相同的課程甚至是教科書，似乎是一項不可能完成的任務。但是，這種知識斷層的現象，使得保守派的作風取得了發言權。所以，在邁入二十一世紀時，他們制定了一項教育改革計畫，企圖扭轉這種趨勢。這個計畫簡稱為NCLB（No Child Left Behind），中文意思為「沒有落後的孩子」。

　　NCLB計畫的要點之一很簡單，那就是直接以量化評量結果，直接評估學校的辦學成效，如果這所學校沒有達到目標，就必須面臨令人不悅的結果。例如，目標是全校六年級生，都必須通過「基本能力測驗」，假設通過分數是六十分，而某校的通過率不足90%，這個時候，學校就要面臨被處罰的後果。

　　這個計畫的實施後果很令人玩味，因為老師在貧困學區的學校是待不久的，而往往面臨處罰後果的學校，都是這些位於貧困學區的學校。所以，新聞報導指出，這些學校就想辦法先讓麻煩學生離開學校，以降低被處罰的機率。據說，有的州更乾脆在計算量化結果時，把弱勢族裔（例如黑人、西班牙裔）的分數當成要被排除的離群值。很諷刺的，此計劃原本是要照顧弱勢族群，結果似乎是讓他們更加地雪上加霜。

　　此計畫使得量化統計專家變得炙手可熱，因為量化測驗的標準化有其專業的統計程序，而有的教育期刊資料庫，甚至只想要接受量化研究報告。但是，他們似乎不在意，慣於解放

派作為的美國社會與教育界，是否真能接受以提高評量成績為主要目標的教育方式。後來，許多雜音出現了，有人質疑，沒有足夠的科學證據支持這項計畫的適切性。甚至，有人說，這只是為了選舉所提出來的「櫥窗牛肉」罷了。

貳　台灣教育改革

　　台灣教育延續了古時科舉制度的遺風。據此，考試求功名漸漸變成是讀書的主要目標。於是，「寧願犧牲個人思想以追求所謂的正確答案」，這種思維就慢慢地侵蝕了許多台灣學子的靈魂。

　　這種慢性傷害使得許多的孩子被埋沒了。許多學子因為課程、教學與評量偏誤的問題而懷疑自己的存在價值，有的甚至僅僅因為一次入學考試的失利而結束自己寶貴的生命，有些通過這種試煉的學生，也在潛意識裡種下了反社會的種子，等到他們成為社會中堅份子時，只會想盡辦法犧牲別人的利益來成就自己。為了應付那些編製程序不公開的測驗（我強烈懷疑這種測驗具有完善且令人信服的專業成分），學生盲目地背誦許多的東西，用眼過度的結果，使得近視眼變成了台灣學生的普遍疾病。

　　這種身心靈的慢性傷害，導致了台灣教育改革的呼聲。初期的實施要點在於修改課程，增加入學機會，減低學習壓

力。之後，在學校推動解放派的教學與評量方式。這種改革似乎並沒有方向上的錯誤。因為課程、教學與評量都一起朝向了解放派的模式發展。增設入學機會也有一定的減壓效果。但是，改革不到位，造成保守派勢力抬頭，於是學校使用的還是套裝教材，升學測驗的傷害還是存在（這就如同某位前官員所說，政策一縮手就變成什麼都不是的怪獸），家庭教育式微，基層教師動輒得咎，這些都造成了教與學的矛盾。我們可以說，台灣教育改革邁出了第一步，但是最後一步尚未達成。

看見美國在小學實施基本能力測驗之後，台灣也跟著仿效起來。這就暴露了某種做事心態。姑且不論台灣所實施之基本能力測驗的專業程度如何，實施前之目的為何，實施後的成效如何，我們只要深思一個簡單的問題：「美國教改的性質與理由，與台灣是相同的嗎？」

這令我想起了我在美國攻讀碩士學位時，我的美籍指導教授與我的對話。他把華人學生以及韓國學生，在某種數學能力測驗（紙筆評量）上所得到的世界頂級排名秀出來給我看，並說：「美國教育不如你們。」但是，資料旁邊伴隨著各國的經濟實力，也就是說，這份資料是把各國於某種數學測驗的成績，和各國經濟實力擺在一起參照，雖然美國的數學測驗平均成績遠遠落後其他各國，但是經濟實力的排名卻是第一。讀者對此有何想法呢？

註一：如果你是一位大學生，但是只有殺豬的
工作等著你，這似乎浪費了許多的學費。這種現
象經常發生在發展中國家，它們漸漸有了豐富的
教育資源，但是整個國家產生財富的手段，跟不
上教育所企圖培養出來的人才。

　　註二：請參閱《Official Knowledge: Democratic
Education in a Conservative Age》。

下 午 茶 時 間

茶點❶
　　讀者是否有發現，本書裡一再強調「平均」二字，這是提
醒各位不要陷入排名的迷思，以本章最後一段所述，或許韓國
學生的數學能力大部分都達到了某種水準，但是絕頂聰明的數
學資優生，在人數上有可能是落後於美國的。不知讀者是否同
意這樣的說法呢？

第十五章
契　機

<big>過</big>去影響現在，現在影響未來。教育是影響未來命運的一種方法，現在重視下一代的教育，我們就有可能在未來收割美好的成果。一個美好的生活仰賴絕大多數素質良好的國民。如果我們要在二十一世紀，迎接全球中文化時代的來臨，並且從現今的資訊時代邁入機器人世代，我們就要現在做好準備。據此，我想要提出「教育新四維」的概念。我想把這四大藥方稱為是改變未來的契機。它們是（1）學習動機，（2）合作態度，（3）創造能力，以及（4）邏輯思維。

第一節　　教育新四維

當國民受到良好的教育栽培之後，他還必須懂得如何為國家社會貢獻所長。據此，教育有兩大目標，一是觸發個體的潛能，二是培養個體的服務意識。教育新四維可以滿足這兩大目標。

壹　學習動機

假設有四大影響學生學習的要素，它們是（1）教師教學，（2）學習動機，（3）學校課程，以及（4）學習評量。你認為最重要的是哪一項呢？有三種角色能夠回答這個問題，他們分別是教師、家長以及學生。我曾經以這個問題進行問卷調查，我發現不論是家長、教師或是學生，都把學習動機列為前兩名的重要因素。

我認為這是值得重視的發現。如果學習動機是那麼地重要，那麼似乎教師、家長與學生都應該盡全力照顧好它，屏除會傷害學習動機的因素。然而，實際上我們都視而不見這項事實的迫切性，我們轉而把注意力放在其他的因素上面，這恰巧違反了我們的期望。

在以升學競爭測驗為建構基石的社會裡，雖然教師了解學習動機的重要性，但是卻不得不把大部分的精力放在某些科目的學習評量結果上。這樣做的後果，使得教師教學單一化、學校課程表面化、學習動機邊緣化。學生不得不犧牲自己的潛在性向而把所有的精神放在「追求高分」這樣的狹窄領域裡。家長也不得不把孩子的評量成績視為其未來的成就指標。

但是，忽略教育最重要的目標（培養學習動機以觸發個人潛能）就為了滿足某些短暫的需求並非明智之舉。唯有細心地培養學習動機，才能讓學習持之以恆，達到長遠的目標，這

樣才能夠確保實力，贏得掌聲。

貳 合作態度

一位真正具有合作態度的人，會尊重他人也具有服務意識。對於這類人而言，「團結力量大」，「人生以服務為目的」這兩句話並不僅僅是口號，還是生活。一個社會如果沒有這類人的存在，就只好靠嚴刑峻法進行消極的規範。社會的進展需要凝聚力，凝聚力的展現抵銷了國力內耗的力量。

如果一個人在他從小到大的教育歷程當中，只接受到了「勝者為王」的訊息，那麼可想而知，他所關心的只會是自己的利益，我們並不排斥他能夠靠一些手段為自己贏得許多的好處，令人擔心的是他也會毫不留情地破壞他人與整體的利益。國家力量的衰弱就是來自於這種「姑息養奸」所帶來的內耗後果，這也間接遲滯了社會文明的發展。

「討論」是合作精神的表現。然而，許多人似乎並不懂得討論的真正意涵。照道理說，討論應該是先（1）互相理解彼此的想法，然後（2）達到共識。但是，許多人似乎汲汲於要別人接受自己的意見方才罷休。這種偏差心態在華人世界裡並非不常見。關於這種缺點，有可能源自於揠苗助長式的課程與教學所帶來的暗示，由於孩童經常不被允許去漸漸經驗自己的「主觀」，達成具有「個體性」的學習[註一]，所以就無法具有「接受」的品質，「強迫」也就變成了個人的潛在性格。

俗語說：「三個臭皮匠，勝過一位諸葛亮。」如果我們教育下一代使其具備彼此合作的精神，那麼平均而言，我們國家在與其他國家（不重視合作態度教育）各方面的競爭上會具有較大的勝算。須知，強大的國防力量來自於團隊合作精神，而非特技表演。

叁 創造能力

大部分的人大概不會反對，「孩童是世界上最具有創意的人類」這樣的說法。根據我的教學經驗，孩童創意的逐漸喪失來自於後天的學習。這似乎是令人沮喪的現象。當我們強調正確答案的重要性超乎自身的想像時，孩童就學會了隱藏創意。當創意被強迫規範時，他們就學會了否認自己獨特的想法。於是，「越學越僵化」就變成了教育的原罪。

心理學界大致把人類創意的基本模式分成兩大類目，它們是（1）輻合創意（conversion creativity）以及（2）輻散創意（diversion creativity）。這兩種創意在思考的方向上有著壁壘分明的差異。以輻合創意而言，解答是問題要素的輻合體（例如，以樹枝和皮筋製作彈弓）；以輻散創意而言，解答是問題的輻散想法（例如，舉一反三）。當然，你大可以把這種概念運用在任何你所想到的事物或教學上。

為了避免我們的下一代漸漸地讓自己的創意睡著了，喪

失了全球競爭力，在國民教育階段，想盡辦法喚醒學子們的創意可以說是一種必要。我希望整個社會都要有這種深切的認知，因為把教師視為一切教育缺失的拯救者，是非常不切實際的。

　　除了創意之外，創造能力還包括了實作能力。換句話說，動手把個人創意實現出來，才是創造能力的終極表現。創造能力高的國民，能夠為國家帶來許多的就業機會，為企業提昇產值，為世界文化貢獻心力，為整個社會帶來希望。然而，如果我們一直裹足不前，安於教育現狀，只把我們的國民，定位為將來有用的「器物」以供剝削，那麼我們勢必在未來也只能撿拾他國的殘羹剩肴，當作我們自己累積財富的唯一手段。

肆　邏輯思維

　　在數學的世界裡，邏輯是解題的金鑰，因為即使一個人具備所有必須要有的計算能力，邏輯不通還是沒辦法得到正確的答案。此處，我想要以「前後關聯」來定義邏輯。一位邏輯思維縝密的人，能夠從複雜的關係裡，看出系統性的前後關聯性而得到答案。

　　據此，邏輯思維影響了行事的效率。許多人以為，減少休息時間就能夠多做些事情，但事實上只會減低效率。「犧牲睡眠就可以多讀點書，獲取高分」這樣的想法確實是不合邏輯

的，因為「休閒消除疲勞」是眼下的事實，而「以疲憊的心繼續工作，能替自己爭取更多」只是一種幻想。然而，許多人刻意忽略眼下的現實而繼續以幻想當作行事準則，最終獲得的顯然不會符合自己的期望。

一項政策如果不具有完整的邏輯性，就會造成社會混亂與虛耗國力，國家機器如果不注重自身的邏輯運作規則，就會導致民心向背，國民的邏輯思維不健全，就會影響整體社會的正常運作，個人的非邏輯想法很可能會使自身在職場、學業或家庭上招致災難性的後果。如果一項教育政策是「提升國小學生英文字彙能力」，那麼把英文拼字競賽當作是此項政策的成果，而不使用適當的評量並以科學方法進行抽樣與施測，來取得趨近於平均現況的資訊，那麼我們永遠也得不到合乎邏輯的結果。**不健全的邏輯思維所造成的危害是慢性的**，這也是大部分人忽略其嚴重性的緣故。

著名心理學家，阿德勒（Alfred Adler, 1870-1937）認為，讓孩童接受自然而合理的結果是改變其行為的最有效方法。然而，**大部分的人，對於兒童教育所抱持的觀念，似乎不是偏向於溺愛，就是矯枉過正**，我稱之為「偽善的教育」。這種教養方式，恰巧培養了其不健全的邏輯思維，這是我們必須引以為戒的。（讀者可以參考荀子的性惡論，藉以得到更為深刻的理解。）

第二節　警示

在本書出版後的未來五十年之際，我們的下一代非常有可能必須面臨全球中文化的時代，這是由於中國大陸崛起所導致的現象。然而，如果華人共享文化沒有持續發展，這種因為量變而導致質變的趨勢，也許不會持續太久。

文化的發展端賴大部分素質良好的國民，如果我們沉浸於一時的注目而不把握良機徹底再造，那麼機遇就從我們的手中溜走；如果我們不教育下一代，使其適當地具有教育新四維的素質，文化的發展就會遲滯不前。我們知道，受人尊敬的文化實力，可以增強國家競爭力，提升國民的形象。

如果說資訊化時代的來臨帶來了人類觀念上的改變，那麼即將迎接我們的機器人世代，將會帶給人類生活上的遽變，甚至是各國人民生存範圍的重新劃分。但是，並不是每個國家都能夠很順利地邁向機器人時代。要邁向下一個先進的時代，需要堅強的國力，簡單地說，國力來自於人力。

假如我們僅僅是把一些口號掛在嘴上，那麼以上所述的美好遠景與契機，對於我們的下一代而言，只不過是浮光掠影。如果我們不重視從政策到執行的細節，不傾聽基層的聲音，只想著做大官與立即的浮華表現，把做大事的想法拋諸腦後，那麼成果不會長久，我們的下一代，就要概括承受這一代所造成的錯誤。

註一：在我閱讀了著名美國教育哲學家John Dewey的著作《Experience and Education》之後，我感覺，孩童被給予空間去經驗個人的主觀是很重要的。換句話說，我們要小心「干預與強制」在孩童的學習與成長方面，所可能造成的不利影響。

下午茶時間

茶點 ❶
「參禪」是否可以開發一個人的創造能力？你的理由為何？

茶點 ❷
你曾經想過和「過去的自己」進行燭光晚餐嗎？

茶點 ❸
曾經被殖民過的人們，是否有可能在未來成為自己的殖民者？

茶點 **4**

課程、教學與評量的保守做法，是否會不利於下一代的民主素養？

茶點 **5**

要擁有良好的開車技術之前，「喜歡開車」的態度是否很重要？

茶點 **6**

本書所探討的共享集思法，是否有助於學生培養「合作態度」？

《後 記》

我常常在學生放學之後，一個人到校園附近的小山健行，在山裡漫步有一個令我著迷不已的地方，那就是可以嗅樹林之香、觀蟲鳥之美。這讓我回想起了幼時經驗，經常跑到自家附近的荒野草地玩耍，回家時手裡帶了一堆蝸牛，我把牠們當作我的寵物並且細心照料餵食。

尤其是在夏天的時候，樹林裡的蟬鳴聲真是悅耳，我常常懷疑，這麼隻小蟲怎麼就能夠呼風喚雨似地大聲鳴叫起來。蟬聲與樹香洗去了我一天的教學疲勞，淨空了我的靈魂，許多的領悟與靈感不請自來。

本書完成之時，恰巧是我獲得資深優良教師紀念獎的年份。回想小時候的受教育方式，多年前初任教師時所經歷的開放教育，到目前的保守趨向做法，讓我想到了歷代變法的困難，當我們的價值取向無法堅持時，基層的聲音又無法被傾聽時，獨斷的幻想就有可能被當作是一項政策。

教育的法則似乎千古不變，孔子的有教無類，或是孟母三遷的故事，直到現今還是教育的鐵律。然而，這些鐵律很可能只不過是空中樓閣，如果我們沒有在「骨子裡」堅持住這些原則。令人欣慰的是，在具有一定素養的社會裡，這些原則會被喚醒。但是，我們別忘了，另一股力量正無時無刻不在伺機蠢動。

《後 記》

　　蒲松齡終其一生與科舉取仕無緣，然而卻留下了《聊齋誌異》此一千古名著。如果當初，他透過八股取仕享有榮華富貴，或許就無法留名青史，中華文化也就少了一塊瑰寶。類似的例子不勝枚舉，這使我們不得不重視一件事實：「自由教育的精神，對於文化的發展是何等的重要。」

　　當我們把「上學」二字擴大解釋時，終身教育的概念就已經被實踐；當你克服萬難朝向「自我實現」的道路邁進時，你就得到了永恆的回報；當一位乞丐捐出手中僅有的零錢時，他這一生的學習表現就如金石般地堅實不虛。

　　讓我們一起謹記以下這一段話語：「每一個人都可以是自己的導師，也都在不斷地學習某種課程，然後，在蓋棺論定之刻，每一個人也都必須接受最歷歷真實的評價。」讓我們彼此勉勵！

參考書目

Aiken, L. R., & Groth-Marnat, G. (2005). *Psychological testing and assessment* (12th ed.). MA: Allyn & Bacon.

Airasian, P. W. (2004). *Classroom assessment* (5th ed.). NY: McGraw-Hill.

Apple, M. W. (1999). *Official knowledge: Democratic education in a conservative age* (2th ed.). NY: Routledge.

Aronson, E. (2001). *Nobody left to hate*. NY: Henry Holt.

Biehler, R., & Snowman, J. (2004). *Psychology applied to teaching* (11th ed.). CA: Wadsworth Publishing.

Dewey, J. (1997). *Experience and education*. NY: Free Press.

English, F. W. (1999). *Deciding what to teach and test: Developing, aligning, and auditing the curriculum*. CA: Corwin Press.

Huck, S. W. (2007). *Reading statistics and research* (5th ed.). MA: Allyn & Bacon.

Joyce, B. R., Weil, M., & Calhoun, E. (2005). *Models of teaching: MyLabSchool edition* (7th ed.). MA: Allyn & Bacon.

Merriam, S. B., Caffarella, R. S., & Baumgartner, L. M. (2006). *Learning in adulthood: A comprehensive guide* (3th ed.). CA: Jossey-Bass.

Minke, K. M., & Anderson, K. J. (2005). Family-school collaboration and positive behavior support. *Journal of Positive Behavior Intervention, 7*(3), 181-185.

Nieto, S. (1999). *The light in their eyes: Creating multicultural learning communities.* NY: Teachers College Press.

Noll, J. Wm. (2004). *Taking sides: Clashing views on controversial educational issues* (13th ed.). NY: McGraw-Hill.

Power, E. J. (1995). *Educational philosophy: A history from the ancient world to modern America.* NY: Routledge.

Ryder, R. J., & Graves, M. F. (2002). *Reading and learning in content areas* (3th ed.). NJ: Wiley.

Tu, P.-L. (2007). Percentile and percentile rank. In N. J. Salkind (Ed.), *Encyclopedia of measurement and statistics* (vol. 2, pp. 755–756). CA: Sage.

附錄一 ：課程編排表

	星期一	星期二	星期三	星期四	星期五
06:00-07:50	晨鐘（早餐與排泄非常重要）				
07:50-08:25	晨學課程（晨學效率高）				
08:30-09:15					
09:25-10:10					
10:20-11:05					
11:15-12:00					
12:00-13:10	午息與中餐有助下午的學習				
13:20-14:05					
14:15-15:00					
15:10-15:55					
16:00-16:45					
	暮鼓（休閒運動助益學習）				

註：請以你所認為的核心課程為主要學習安排（可以是任何的課程），搭配一些彈性課程當作另類的學習時間，一點頑空課程作為探索自我性向之用，如果需要的話，加入你認為的校本課程。

附錄二：解放派的學習單作業範例

炙陽國小三年級數學課程學習單

班級：　　　　　姓名：　　　　　　　座號：

主題：距離

1.請在此學習單背面畫出自己家裡到學校的路線圖。

2.從家裡出發走路到學校，數數看，你總共走了幾步？
答：

3.如果一步等於一公尺，從你家到學校大概有多少公尺？
答：

4.請父母親在此處簽名，確認您帶領孩子完成此份作業。
簽名與心得：

教師評語：

附錄三：非量化課程檢核表

學校：　　　　　　課程：　　　　　　日期：		
檢核項目	是	否
1.是否深究課程標題，並分解為多個細部加以探討？		
2.是否發展此課程的課程大綱、教學目標與教學活動？		
3.課程大綱、教學目標與教學活動，是否彼此之間互相配合？		
4.此課程計畫實施的時間是否妥當？		
5.是否有進行課程聽證，或類似的會議，發掘實施課程的潛在問題？		
6.訪談學生的結果，是否符合此課程的教學目標？		
7.是否存在評量回饋過程，藉以獲知學生學習情況？		
建議與補充：		

附錄四－A：學生對於課程的滿意度問卷

親愛的同學們：

以下問卷請你們填寫，並忠實反映個人的感受。請圈選1至5來代表你對每項問題的感受度，5代表感受最強烈，1代表感受最不強烈。請注意，所有的問題都是問你對於此項課程（非其他課程）的感受。

年級： 課程： 任課教師： 日期：	
項　目	圈選得分（1至5）
例題：辣椒好辣！	1 2 3 4 ⑤
1.我喜歡上這堂課。	1 2 3 4 5
2.我喜歡此課程的內容。	1 2 3 4 5
3.我學到了許多新知（新技能）。	1 2 3 4 5
4.我滿意我的考試分數（實作表現）。	1 2 3 4 5
5.我可以完成我的作業。	1 2 3 4 5
6.我了解上課內容。	1 2 3 4 5
7.這堂課對我有幫助。	1 2 3 4 5
8.請在以下空白處以文字描寫你對本課程的任何感受、想法與建議：	

◎感謝你的回答，別忘了把此份問卷繳回唷！

註：第一題項可能與老師（以及/或教學方式）有關。其他項目也請考量潛在的可能因素。

附錄四－B：學生對於課程的滿意度問卷（簡化版）

親愛的同學們：

請你回答下面的問題。你覺得「是」就勾選笑臉；你覺得「不是」就勾選哭臉。

年級：　　　課程：　　　任課教師：　　　日期：		
項　目	勾選笑臉或哭臉	
例題：肚子餓吃飯。	☺ ✓	☹
1.我喜歡這堂課。	☺	☹
2.我學到了許多知識。	☺	☹
3.我滿意我得到的分數。	☺	☹
4.我會寫這門課的作業。	☺	☹
5.我了解上課的內容。	☺	☹

◎感謝你的回答，別忘了把此份問卷繳回唷！

註：此簡化版適合低年級小朋友填寫，請加上注音並請老師稍微指導作答。題項一可能與老師（以及/或教學方式）有關，其他項目也請考量潛在的可能因素。請比較笑臉與哭臉的比例來決定如何改進課程。問卷題項的設計，請斟酌低年級小朋友的寫作識字能力。

附錄五：教學效果之教師層面自評表

敬愛的老師：

　　這是一份能夠幫助自己探究本班各科教學效果的教師層面自評表。在圈選同意度方面，1代表最低程度的同意度，5代表最高程度的同意度。請仔細閱讀題項，依據真實情況給予適當的評估。

班級：　　　科目：　　　教師姓名：　　　自評日期：	
項　目	圈選同意度
1.運用相關技術幫助學生對於學習內容形成長期記憶。	1 2 3 4 5
2.複雜化學習內容或教學方式以企圖觸發學生的高層次思考力。	1 2 3 4 5
3.注意到學習內容相對於學生能力的難易程度。	1 2 3 4 5
4.採取手段幫助學生從實體觀察轉換至抽象概念。	1 2 3 4 5
5.觀察學生可能具有的學習障礙（例如，無助感、錯誤的第一訊息）並試圖解決。	1 2 3 4 5
6.給予學生在合理範圍內嘗試錯誤的機會。	1 2 3 4 5
7.使用適當的制約方法來促進學生學習。	1 2 3 4 5

8.了解各種教學法的優缺點。	1 2 3 4 5
9.注意教學法與評量之間的關連性。	1 2 3 4 5
10.於分組學習模式的環境下也注意學生的個別差異。	1 2 3 4 5
11.採用不同手段來滿足學生在學習代償傾向上的個別差異以求得適當的教學效果。	1 2 3 4 5
12.注意學生在語文與數理科目以外的學習潛能。	1 2 3 4 5
13.注意學校作風對於本身教學的影響並試圖建言。	1 2 3 4 5
14.覺知本身於學生性別與學習能力上的偏見。	1 2 3 4 5
15.對學生抱有期望。	1 2 3 4 5
16.關心學生的學習狀況。	1 2 3 4 5
17.能屏除干擾教學效果的因素。	1 2 3 4 5
18.能使學生免除課程偏誤的苦果。	1 2 3 4 5
19.請把自評後發現的任何盲點寫在以下空白處：	

附錄六：教學效果之學生評鑑教師問卷

同學們：

你給老師打分數的時候到了！這是一份能夠幫助老師探究本班各科教學效果的評鑑表。在圈選同意度方面，1代表最低程度的同意度，7代表最高程度的同意度。請仔細閱讀題項並依據真實情況給予適當的評估。

班級／系所：　　科目：　　教師姓名：　　評鑑日期：	
項　目	圈選同意度
例題：糖是甜的。	1 2 3 4 5 6 ⑦
1.老師教學認真。	1 2 3 4 5 6 7
2.老師對我付出關心。	1 2 3 4 5 6 7
3.老師能體會我的學習意願。	1 2 3 4 5 6 7
4.老師給予我充分的學習空間。	1 2 3 4 5 6 7
5.我接受老師的管教。	1 2 3 4 5 6 7
6.老師的課讓我不想打瞌睡。	1 2 3 4 5 6 7
7.老師公平對待我。	1 2 3 4 5 6 7
8.老師的教學器材準備充分。	1 2 3 4 5 6 7
9.老師出的考卷讓我看得懂。	1 2 3 4 5 6 7
10.老師幫助我學會上課內容。	1 2 3 4 5 6 7
11.我喜歡老師的教學方式。	1 2 3 4 5 6 7
12.老師指派的作業對我有幫助。	1 2 3 4 5 6 7
13.請圈選你給老師的分數（優、甲、乙），並請在空白部分說明原因：	

◎感謝你的回答，別忘了把此份問卷繳回唷！

國家圖書館出版品預行編目資料

上學的代價／杜炳倫 初版-
臺北市：蘭臺出版社 2009.10
15*21公分 含參考書目
ISBN:978-986-7626-91-2（平裝）
1. 學習成長　　　　2. 教育改革　　　　3.
520.　　　　　　　　　　　　　　　98019835

學習成長叢書1

《 上學的代價 》

著　　　者：杜炳倫 著

執行主編：張加君

執行美編：康美珠

封面設計：J s

出 版 者：蘭臺出版社

地　　　址：台北市中正區開封街1段20號4樓

電　　　話：(02)2331-1675　傳真：(02)2382-6225

劃撥帳號：18995995

網路書店：http://w.w.w.5w.com.tw

　　　　　　博客來網路書店、華文網路書店、三民書局

E - m a i l：books5w@gmail.com 或 lt5w.lu@msa.hinet.net

經　　　銷：博客思出版社

總 經 銷：成信文化事業股份有限公司

香港總代理：香港聯合零售有限公司

地　　　址：香港新界大蒲汀麗路36號中華商務印書館大樓

電　　　話：(852)2150-2100　傳真：(852)2356-0735

出版日期：2009年10月初版

定　　　價：新台幣280元

ISBN:978-986-7626-91-2

版權所有 翻印必究